2022

教学学术

Scholarship of Teaching and Learning

《教学学术》编委会　主编

1

上海交通大学出版社
SHANGHAI JIAO TONG UNIVERSITY PRESS

内容提要

本书围绕高校教学学术的研究与实践，由"视野与理念"，以教学学术领域的战略视野、前瞻思维为主要内容；"行动与研究"，教与学的实践结果研究和理论研究；"谈学论教"，教与学的策略和方法；"课程思政"，课程思政的探索与研究四大部分组成。本书适合高校教师、教学发展人员、高等教育领域的专业研究员、教育行政人员及其他感兴趣的读者。

图书在版编目（CIP）数据

教学学术. 2022.1/《教学学术》编委会主编. 一
上海：上海交通大学出版社，2022.7
ISBN 978 - 7 - 313 - 26958 - 4

Ⅰ.①教… Ⅱ.①教… Ⅲ.①教学研究—文集 Ⅳ.
①G420 - 53

中国版本图书馆 CIP 数据核字（2022）第 098763 号

教学学术（2022.1）

JIAOXUE XUESHU（2022.1）

主　　编：《教学学术》编委会
出版发行：上海交通大学出版社　　　　　地　　址：上海市番禺路 951 号
邮政编码：200030　　　　　　　　　　　电　　话：021-64071208
印　　制：上海天地海设计印刷有限公司　经　　销：全国新华书店
开　　本：787mm×1092mm　1/16　　　 印　　张：8.25
字　　数：188 千字
版　　次：2022 年 7 月第 1 版　　　　　　印　　次：2022 年 7 月第 1 次印刷
书　　号：ISBN 978 - 7 - 313 - 26958 - 4
定　　价：52.00 元

目 录
Contents

课程思政

高等教育的责任：教学生为未来而学

吴娟明

（杨炳钧　译　张　莹　整理）

摘　要： 本文是在第三届中国高校教学学术年会吴娟明教授的讲座基础上整理而成的。讲座围绕高等教育的责任，即让学生为未来做好充分准备为主题展开。主要探讨了高等教育的三大责任，包括：目标、过程、专业人士。具体从高等教育的目标、学生怎么学、大学如何对待学生的学习需求、大学教师如何教育学生并让他们为未来做好准备等方面进行了深入的探讨，见解独到，思想深邃，值得所有高等教育的相关人员学习和借鉴。

关键词： 高等教育；教与学；学生未来

1　引言

新加坡南洋理工大学的国立教育研究院作为世界一流大学的研究院，扮演着多种不同的角色：为新加坡的新教师提供教育服务和研究生培养项目；为学校校长和其他领导提供管理方面的培训项目以及负责运营适用于教师和其他职业人士的上百种继续教育课程。新加坡南洋理工大学在建设世界一流大学的发展过程中贯彻"质量至上"的发展理念，将教学、科研和服务社会作为重要着力点。其教育，尤其是教与学，更是助力学校发展教学质量的工作核心。本文从高等教育的目标、学生怎么学、大学如何对待学生的学习需求、大学教师的角色定位等方面进行了深入的探讨，希望为相关人员提供参考和借鉴。

2　大学教师的一项重任：让学生为未来做好充分准备

在今天的讲座中，我想请大家一起思考大学教学和学习的重要性。作为大学教师，我们

作者简介：吴娟明，女，新加坡南洋理工大学国立教育学院院长，教授。

译者简介：杨炳钧，男，上海交通大学外国语学院，教授，邮箱：yangbingjun@sjtu.edu.cn。

整理者简介：张莹，女，上海交通大学教学发展中心，邮箱：yzhang92@sjtu.edu.cn。

肩负一项重任，就是让学生为未来做好充分准备。我们要帮助他们成长为未来更善于学习的人，更擅长引领的人。未来飞速变化、变幻莫测。

要达成这一目标，我们需要向外观察各种各样的变化，同样需要向内观察我们所在高校里的教与学的过程。作为大学教师，我们需要向内观察自身，发展自己的能力，培养自己的心态，以承担这一重任。我们需要思考这样的问题：我所在学校的课程和教学是否是为了让学生为未来的生活和工作做好充分准备的呢？我等会儿再回过头来谈这些关于高等教育的思考。

让我们退回去一步，想一想整个教育，想想很多看待教育的视角和思想，我认为"教育就是厚礼"，教育是我们能够给我们后代最为厚重的礼物。

引用穆罕默德·甘地说过的一句话："教育把一个国家各个地区的孩子与这个国家最好、最深远的一切联系了起来，无论他们来自发达城市还是偏远农村"。这句话适用于世界任何角落的人。可以进一步地说，良好的教育给孩子打开的是一个新世界，把他们与现实相关联，与无限的可能相关联。教育打开了未来的大门。

如今，我们对继续教育也十分重视。我们鼓励已经工作的成年人继续学习，继续接受培训。同时，我们还鼓励老年人也继续学习。教育能够使每个参与其中的人掌握知识、技能、行为、新的思维方式。随着受教育者在品质、社会交往与情感上得到发展，教育对每个学习者都产生了影响，无论年龄大小。正是在这样的大环境下，我们必须对大学所采取的行动进行评估，最终让毕业生为未来做好充分准备。

3　高等教育的三个核心问题：目标、过程、专业人士

在这个讲座中我将探讨高等教育的三个问题。这些问题涉及高等教育的三大责任，即目标、过程、专业人士。第一，高等教育的目标应该是什么，大学应该做些什么？即我们要明白目标所在。第二，学生怎么学，大学又该如何对待学生的学习需求，即我们要转化其过程。第三，大学教师如何教育学生并让他们为未来做好准备，即要让专业人士具备相应能力。

3.1　大学教育的目的

让我们首先举例来阐明大学的教育目的。上大学的青年学生当然希望在学校培养起有用的技能与知识，以便能够在自己感兴趣的领域工作，有满意的薪金。许多人也在说，获取学位是一种在社会中往上晋升的途径。学位就是希望，拥有学位就相当于与家人拥有更好、更多样的生活。许多人还继续深造，并努力获取硕士或博士学位。这样一来，他们就可以有更高层次的工作。社会也一样期望毕业生是聪明能干、知识渊博、正直可靠、可以信赖的人。

3.1.1　大学教育的目标：人力资本、可流动性、公民教育与为未来准备着

在传统意义上来看，教育有 3 种结果：①一个国家有受过良好教育的人力资本，竞争力强大；②人才流动大，社会不平等现象得到缓解；③受良好教育的公民不仅多产多能、知识储

备丰富,道德情操也更为高尚。每个大学都需努力提供受过教育的人力资本,以不断满足经济和行业的发展。这样,一旦全球经济和环境发生什么变化,大学就增设新的科目或者更新原有科目,毕业生也就能为社会的新需求贡献自己的力量。比如,在过去 10～15 年以来,新科目已经增设数据分析、人工智能、机器人、机器学习、神经科学等等,仅列举少数几个。跟不上时代、不合时宜的培养计划和课程要么进行修订,要么不再采用。人力资本、可流动性与公民教育是大学教育的三大目标。不过,这就足够了吗? 教育不仅要让学生为日后的生活和工作做好充分准备,还应该培养学生为未来而学的意识。因此,大学教育的另一个目标是培养学生的技能、思维和品质以面对时刻变化的世界,让他们在世界中绽放。

3.1.2　什么是"为未来准备着"?

最近,大家可能经常听到"为未来准备着"这个说法。那么,大学教育要让学生"为未来准备着"到底是什么意思呢? 我想用我在南洋理工国立教育研究院同事黄大卫(David Wong)在他的课程中给出的定义加以解释。"为未来准备好的个人是指那些毕业之后仍然继续学习,承担着未来毕生从事的工作,在不断变化的社会和环境中绽放自己的人。"这里的关键词是"绽放",毕业生仅仅学会竞争是不够的,还要培养他们能够面对各种挑战的意识。

那么用什么来定义"为未来而准备着的教育或者教育体系呢"? 根据 David Wong 和其同事的论述,这种教育对社会中的各种变化能及时做出反应,"保证学习结果是动态的,与随时出现的各种新现实是同步的"。换言之,过去的大学毕业生学习对象和学习结果对于当今的学生而言或许已经毫无关联。新的现实不断涌现,为未来准备着的教育当然要随时变革、不断适应。那么,这些新现实有哪些呢? 其中一个现实就是,现在年轻人的学习方式与过去完全不同。这一点我在第二部分再来谈。现在,我们来谈谈周围世界和环境中的一些新现实。这些新现实带来的既是未知和挑战,也是机遇。

3.1.3　教育面临的全球和社会环境中的新现实: 未知与机遇

迄今为止,我们都经受了新冠病毒大流行的严重影响。世界很多地方的学校还在应对新冠病毒。不过,人们已经学会适应这种情况。面对面的教学已经被在线教学所替代,许多师生还在努力适应这种新的教学和学习方式。许多人也在谈论"新常态"教育。新冠大流行让我们猝不及防,在极短的时间内就传遍全球。当然,还有其他问题困扰着世界,这些我们都比较了解。比如,气候变化已经是许多人极为关注的问题,冰川融化、海平面上升、野生动植物遭到破坏等。我们对人类的碳排放情况也更加清醒。众多年轻人心系人类对环境的破坏,他们对地球的现状感到担忧。人类已经进入第四代工业革命时代,我们正在经历的是科技的融合,物理、电子和生物等领域相互融合。第四代工业革命改变了我们的生活方式、学习方式,还改变了人类交流的方式。其发展的速度之快,难以想象。当然,随着科技带来进步的同时,第四代工业革命也带来了一系列挑战和困境。2015 年,联合国提出的 17 个可持续发展目标有望让地球成为人类更美好的家园。这些目标号召人类行动起来,一起摆脱贫困,提升健康和教育,实现公平,刺激经济发展,应对气候变化,保护好海洋和森林。作为教师,要让学生为未来做好准备,那么我们必须对这些挑战和机遇了如指掌,我们需要向外看世界,把教学学术置身于更加广阔的全球环境中,促成学生在这样的环境中绽放自己。

3.1.4 学生当前和未来所需的技能

最近 10 年来,一些专家学者已经阐述了由于技术进步而导致的迫在眉睫的变革。科学技术将继续改变我们的生活和工作方式。有些学生会发现自己正在学的专业已经发生了变化,甚至有些专业正在消失。

在世纪之交以前,就有不少人提出要培养学生适应 21 世纪的技能。各种"软"技能和"硬"技能的结合正是 21 世纪生活、学习、交流、工作所需要的技能。世界上有些地方的一些学校对此应对更快,他们改善了课程计划,把这些技能融入进来,这包括学习和创新技能、生活和职业技能、信息资讯技能以及科技技能。

1)"巫卡世界"(VUCA)及其所需的品质

有些学者把我们当今的世界描述为"巫卡世界"(Volatility, Uncertainty, Complexity and Ambiguity, VUCA),也就是越来越反复无常、捉摸不定、错综复杂、模棱两可的世界。在这样的世界里,我们需要发展新的思维方式和能力才能让自己"绽放",所具备的品质要有适应性、可塑性和包容性。这些品质能够让人在"巫卡世界"中生存,这对引领者尤其重要。我们的毕业生在未来的某一天会成为某些领域的引领者。

2)未来工作场所急需的三项技能

我已经给大家展示了我们的学生在新现实中获得成功所需要的技能和品质。在 2016 年的一次会议中,针对"机器是否可以替代人"这个问题,几位学者归纳了未来工作场所急需的三项技能。

其中两项技能分别是"高度依赖认知能力的技能"和"社会和情感相关的技能",这些技能又被称为软技能。这些技能是用来管理复杂事务、进行规划、发明创造等。这些技能最不可能实现自动化,不容易被未来的人工智能所取代。

第三项技能是"技术性技能"。我想没人否认,我们工作和生活中的很多方面已经被科技所取代。

美国东北大学校长奥恩(Aoun)教授著有《不惧机器人:人工智能时代的高等教育》一书,他在书中考察了科技如何瓦解经济、文化和文明。他提出,在未来的电子化世界中,学生需要掌握三种"新知识技能"才能够让自己"绽放"。我想,学生要为未来做好充分准备,就必须要具备这些能力。

3.1.5 小结

到现在为止,我已经跟大家分享了有关让学生充分为未来做好准备方面的一些观点。他们应当为未来而准备着,虽难以预料但要与众不同。当然,这个世界机会众多,他们可以抓住机会。但他们需要培养起"高度依赖认知能力的技能"和"社会和情感相关的技能",同时要具备个人特有属性,这样才能成功。在大学期间,他们就必须培养起这些技能,毕业时才能够说已经做好准备。

高等教育的第一大责任是要对目标了然于胸。要实现这一点,我们必须向外看,看毕业生将要进入的外面的世界，明白我们培养他们的目的是什么。

3.2　高等教育的第二大责任：转变教与学的过程

现在我们来看看高等教育的第二大责任，那就是大学还要向内看，转变我们教与学的过程。我们要问的问题是：学生怎么学，大学又该如何对待学生的学习需求？

大学中的学生都是在为未来的生活和工作做准备的。那么大学如何确保教育是为未来而规划的呢？如何确保教育是为培养未来的学生而准备的呢？第一步，要回溯我们自己的课程计划所阐述的结果，看看是否仍然与当代相适应。不同时代的学生是由他们所处时代的生活、文化经历所塑造的。一些基本的学习需要是相通的，但其他则取决于不同时代对学什么和怎么学的不同期望。这些需要教与学的过程来支撑，才能培养起学生的能力、本领、认知敏感性以及个性等特点。这些都至关重要。我们要针对学习环境和教学过程进行设计，以培养学生的价值取向、思维方式、认知技能。

3.2.1　学生想要什么，想学什么？

我们需要倾听我们学生的想法，给他们提供学习经验，帮助他们有目的地进行高效学习。那么，学生想要什么，想学什么呢？让我们听一听新加坡国立教育研究院的学生的心声，听听教师们对学生的一些看法。

1) 理想和经验

S1[①]：探索新东西，寻找其中的乐趣！

S2：充满勇气，主动参与！

S3：老师们分享自己的经验，我可以从中学习。

S4：我觉得表达自己的想法很放松，与别人合作从而向他们学习。

2) 当今的学习者

T1[②]：如今学生们有很多东西需要集中学习，集中注意力更不容易，竞争因素很多。

T2：我们需要做更多的工作，建立各种联系，让他们明白我们的课程在哪些方面能够对他们的未来有用。

T3：现在学生的学习方式已经非常不同，他们喜欢在需要的时候才去获取相关信息，而不是为了积累知识而去学习。

T4：当今的学生对科技产品熟悉，所以使用科技平台最容易让他们适当地建立各种联系，应用于实际。

3) 此部分小结

要转变教学过程，我们既要向外看，也要向内看。刚才我们听了一个学院的学生和教师的一些想法。大家也都听到了，这些学生想有机会去探索，想享受学习，想主动参与。他们

---

① S代表学生观点。

② T代表教师观点。

不仅仅是下载一些资料,还想从老师那里学习重要的经验。当今的学生想要自由地表达思想,想要轻松自在地表达思想,他们想更加投入,更好合作,以便能与同伴一起学习。当今的学生有很多机会接触各种东西,尤其是通过互联网。大学教师需要特别注意,应当教授学生密切相关的内容。学生都知道在哪里获取所需要的信息,科技显然对现在的学生是不可或缺的,因为他们是第四代工业革命期间的一代人。科技已经融入日常生活,学生很自然也期望科技是他们学习中极为重要的内容。

3.2.2　全人教育：促进高效学习和关注学习需求

如果我们要让学生为未来做好准备,我们必须给他们提供全人教育。全人教育远离原来聚焦于考试的教育,而是教会学生如何学习,如何高效学习,如何有目标地学习。

大学还需要整体地考虑学生的学习需求,我的意思是要了解学习的各个方面和各种经验,了解其相互关联之处。从个人学习需求,到课程体系,再到社会现实和世界现实。

全人教育促使学生发展自己的能力,不仅是知识,还有技能等等。大学全人教育使得学生能够发展自己的认知敏感性,事实记忆力,还发展学生的专业能力和技术能力。还能够帮助学生发展"软"技能。总之,全人教育聚焦于个体学习者,必须培养学习者的内在,使得他能对自身有更深刻的了解,有管理自己思想、学习和行动的策略。学习者必须要高效学习,在所学的东西中找到目标和意义。

3.2.3　全人教育实例：新加坡南洋理工大学

请允许我给大家展示一个例子,这是关于我所在的新加坡南洋理工规划的为未来做好准备的例子。

南洋理工大学作为新加坡国内的高水平世界一流大学,代表着新加坡高等教育发展水平。贾米尔·萨尔米(Jamil Salmi)认为一流大学的出色表现源于高质量的师生、丰富的教学资源、大学规范管理和充裕的科研经费[1]。Khoon 将一流的师生素质、卓越的研究能力、优质的教学水平、优越的办学条件等看作是世界一流大学的基本特征[2]。两年前,南洋理工回溯了给学生提供的教育情况,我们的毕业生专业知识牢固,专业技能娴熟,也学会了一些交际和合作技能。南洋理工最后得出结论,我们要让学生成为全新的一代人,真正为未来做好充分准备。要实现这一点,我们必须针对不断扑面而来的新现实来校准学习结果,改变学生的学习体验。今天,我们学校的校长开启了学校的五年计划,称之为《南洋理工 2025》。这个计划有四大支撑点,教育是其中之一。南洋理工的教育目的就是用知识和技能武装学生,让他们在飞速变化的世界和生活环境中"绽放"。学生不但要抱有超越考试和成绩的目的来学习,而且在毕业之后仍然有能力、有欲望去学习。南洋理工的教育目标是培育"全人",而不是普通的有手脚、有心脏、有大脑的人。换言之,我们帮助学生体验思维、机体和心灵之间的相互联系。

南洋理工的教育把教学质量和给予学生的相关研究支持放在学校建设的重要地位[3]。其主要由两个相互关联的支撑点所界定：跨学科学习;体验式＋合作式学习。跨学科学习的目的是帮助学生明白,世界上的许多问题不是仅仅由一个学科就可以解决的。

这有助于他们看到，挑战都是存在相互关联的，要解决这些问题，就必须依赖跨学科的途径。这样，我们可以获取相关资源，找到可持续的解决办法。南洋理工的一种跨学科学习的办法是创建跨学科、需合作的核心课程，所有本科生都必须要修习。全人教育的第二大支撑点是体验式＋合作式学习。当今的学生想沉浸在具体的体验中来学习，这有助于他们探索、创造和冒险。体验式＋合作式学习也能有助于反映学术的未来探索。大学教育无法让学生做好全面的准备，因为新的挑战随时会涌现。学生必须学会完成任务，并与他人合作来解决问题。大学生通过参与课程项目或社区工作，经历真实生活、社区生活等来学会解决问题。

3.2.4　国立教育研究院的任务：激发学习，转变教学，促进研究

在我工作的国立教育研究院，我们的任务是激发学习，转变教学，促进研究。我们帮助学生有目的地高效率学习，这样他们在毕业成为教师之后，也能帮助他们的学生如此学习。

我们的教师花费大量的功夫来革新教学过程，这也受到了我们学校的创新学习中心等机构的支持。

对我们而言，教学是一个引导我们的学生超越自我以重新理解各种经验的教育过程，也是引出我们学生懂得什么、相信什么的过程。这个过程帮助学习者发展出"自知"和"自明"，发展出思考和质疑的技能，还包括合作的技能。这样，学生就可以和其他人一起学习。这些都是为未来做好准备所必需具备的能力与品质。我们也依赖高科技工具，让教学变得更好。

教学不是去互联网下载一些信息，然后提供给学生，因为搜索引擎就可以通过学生的手机和电脑把信息送到他们手中。只有优秀的老师才能引导学生发展出新的思维方式、不一样的行动方式。

1）三位同事的具体做法

现在我想跟大家分享一下我三位同事的具体做法。我们听听他们做了什么，为什么那样做？我们也会听听学生的想法，看看他们的学习是如何变得有效且目标明确的。

2）杨培东博士及其学生的分享

我叫杨培东（Yang Peidong），我是国立教育研究院人文与社会科学研究教育小组的助理教授，我是做社会学研究的，我研究的是国际学生的社会流动，关注年轻学生为什么追求跨境学习，尤其是在高等教育领域，关注他们怎么去跨境学习。我感兴趣的是这些学生对这类教育的体验，尤其是在社会和文化层面。

我在研究院的课程聚焦于中学教育的学术部分，我课程的核心价值和理念是把学生当作主动学习者，而不是材料的被动接受者。教师的任务是让学生对已经知道的知识产生意义，指导他们探寻新知识。所以，我把学生当作学习旅途中的合作伙伴，这可以赋予他们一种做知识主人的荣誉感。（以下是杨培东博士所教学生的感受）

Yang博士的课程总是让人大开眼界，因为我们可以从讨论中学到很多东西。他提供的是"有提问、有共享"的模式，这个模式让我们投入阅读材料，提出问题，找到可以分享的有趣内容。Yang博士是优秀的课堂协调人，他能针对问题提供框架，让我们提升思考的层次。

Yang 博士能够创造出一种课堂文化,鼓励我们合作与协作。他曾经跟我说,每个人的视角都是有限的,有人一定知道我们所不知道的东西。这的确让讨论模式闪光。我在 Yang 博士课堂的讨论中收获不少,从而成为一个自信而又有批判精神的思考者。所以我决心在以后的社会研究中也会采用这种讨论模式。

Yang 博士在课堂之外还要求我们针对讨论的话题读一些补充材料,这样同学们一起阅读,针对特定问题阅读相关文章。这种以学生为中心的做法要求我们合作创新,能够使得学生发现自己的误解在哪里,差距还有多大。

我教学的最终的目的是让学生成为有独立学习能力的学习者、思想者。教学实际上并不是教师要做什么,而是学生最终能够学会什么。

3) 对杨培东博士分享的评价

大家看到了,杨培东博士不是给学生"投喂"信息,他努力从学生身上寻找他们能够做什么,由此进一步帮助他们发展这些能力。教师让学生对某些假设发表意见,争论观点,提出问题,相互学习。对于这样的学习环境,教师就是设计师。Yang 博士的学生反过来深刻认识自己,对假设提出质疑,检视自己的理解,和他人合作协作,以此给所学对象创建新的理解和知识。我们可以帮助学生在不同学科和课程中高效学习。让我们再看一些视频,这是国立教育研究院的 Tan 博士的课程。Tan 博士教研究生科学和计算机应用,这些学生未来要成为各类学校的教师。

4) Tan 博士及其学生的分享

我的名字叫蒂莫西(Timothy),我很早就对科学感兴趣,孩提时代就喜欢拆解东西,修理这些东西,有时还想改进它们。多年来,我很喜欢做新的东西,解决一些问题。因此,科学的重要性以及不同学科之间整合的必要性在我看来显而易见。科技技能对于教育 21 世纪的学生,让他们为未来做好准备是必由之路。(以下是 Tan 博士所教学生的感受)

我特别喜欢 Tan 博士的课是因为他永远不会把我们禁锢在某个地方,而是让我们做各种事,比如画图,批判性思考,提出问题问"为什么",把各种概念进行整合。他把自己的测量仪、激光笔等都利用起来,投影各种有机体,给我们带来各种新观点,让我们成为更好的老师,走出封闭的学习环境。

他会带来各种有趣的验证和展示,用很多物理的东西讲授计算机应用,督促我们四处走动和观察,用有型的东西来联系,这样讲授计算机应用就不再是讲如何使用计算机,而是走出这个"封闭盒子"。

我们还得开发课程包,来教一些计算机基础。如何做呢? 他会把计算机拆开,让我们认识每个元件,这让我们看到专业的教育,学生的投入,我们看到他在课堂上所做的一切,看到他如何在教学法中进行有机整合。

在他的科学课程中,他经常让我们挑战如何应用"物物互联",做一些模型来学习新东西,有了这样的经历之后,我们就可以激发学生,让他们依葫芦画瓢。他在科学课上跟我们进行各种很有意义的对话,用真实的例子来激发我们。

5) 对丹(Tan)博士分享的评价

最近这些年教学中的变化之一就是科技的广泛使用。我们未来的毕业生应该乐于应用科技，而大学需要培养学生为此做好准备。在刚才看的视频中，Tan博士用科技手段让学生体会各种设备是如何连接在一起的，教学生如何使用数据来理解和提升学习。这也是数据知识技能。为未来做好准备，就要善于读取、分析、使用设备上的信息。下一个视频中大家会看到传统的有机化学课如何通过科技手段转变为基于体验的学习过程。视频中的蔡(Chua)博士利用国立教育研究院的创新基地开发出新的虚拟和现实工具，用于自己的课堂。蔡(Chua)博士说，科技能够改进学习过程。

6) Chua博士及其学生的分享

我是蔡勇(Yong Chua)，是国立教育研究院的高级讲师。本科的时候，我总在想，这么简单的碳元素为何会对生活产生如此大的影响。我想把这个问题抛给我教授的有机化学课上的学生。他们自己将来也是教师，所以他们也可以把这个问题抛给他们以后带的学生。（以下是Chua博士所教学生的感受）

Chua博士非常活跃，他不仅教方法，而且一直非常开心快乐。我们很容易在课堂上跟随着他的教学，也就很容易理解新概念。

我很喜欢Chua博士的课，课堂体验非常愉快。这不仅让我们感觉愉快，还让我们很投入。他是特别细心的教育者模范，他让我们明白如何成为更好的教育者。在我和自己的同学一起汇报期间，我感觉Chua博士对我的影响很大。

在学习有机化学期间，一大挑战是如何用可视化的办法表达各种有机组织，化学反应和化学过程又如何改变这些组织之间的配置。我尽可能广泛采用模型并进行模拟，把模型当作教学工具来表示各种结构。

Chua博士把很多反应用三维模型表示出来，我们可以用虚拟现实的形式来体会，明白其中的动感，我发现这样可以更加形象。通过虚拟现实，交互性非常强。可以把虚拟的球形元素进行不同配置。

7) 对三位分享者的总结

以上我已经跟大家分享了一点，就是为什么转变教学方式至关重要。这可以帮助学生更加高效地学习。除了了解如何学和学什么，学生还应该知道为什么学，我们要求他们用什么样的方式去学。这又让我想到"有目的地学"。换言之，我们要让学生明白他们学的东西的意义所在，如何学的意义所在。

3.2.5　四重学习框架

在国立教育研究院，我们采用了"四重学习框架"，明确了四大学习目标。这"四重学习"指的是毕生学习、深度体验学习、广泛交流学习、明智学习。这就是我们采用的全人教育方法，是带有目的的，目标是使学生能够为未来做好充分准备。在这些形式中，核心是个体围绕着社会情感调节与幸福生活进行学习。强调的是发展个体的适应能力和弹性应变能力，也特别强调自我意识和自我关注，尤其是学会面对不可预知的世界。

国立教育研究院的"四重学习框架"的目的是提供给学生有意义的教育，那是强调目标、激情、兴趣的教育，而不是考试与等级。为激情与兴趣而学，这至关重要，因为未来世界难以预知。

1）"四重学习框架"的应用

我想解释一下我们如何把"四重学习框架"应用于新加坡的一门叫"新加坡万花筒"的课程。

正如课程名字所示，这个课程是为了让学生从不同的视角来考察新加坡的自然景观、社会、文化、遗产，以及新加坡的政治地理和未来愿景。

"新加坡万花筒"课程的目的是让即将做教师的学生们更深入地感受新加坡所提供的一切。这个课程围绕三个核心观点设计：欣赏式探究、自我主导学习、体验式学习。在欣赏式探究中，我们希望学生真正体会新加坡所提供的一切，包括三个重要领域：新加坡的生物多样性和自然景观、文化遗产以及新加坡在世界的地位。

这个课程的特点是学生和老师按照自己的进度学习，观看三个方面的视频，对所提的问题进行反思，然后采用其他方式针对其他问题进行学习。

"新加坡万花筒"的在线课程让我通过与同学分享，了解了不同学科的一些情况。我相信，通过这个课程的在线学习，可以让学生沉浸在不同的视角中，欣赏统一性和差异性。

在城市历史展览中，我看到了非常丰富的文化历史，让我反思现代社会发展的轨迹，了解现代的景观状况。

我在这个课程中体会到，要走出去，一步步地体验新加坡。以旅游体验新加坡，让我体会到新加坡的奇妙与神秘。有很多地方可以去，让人们得以欣赏新加坡的景观。景观中小径小道好走，标志牌和解说很有意思，易读又富有洞察力。

当前，老师不应该受限于课堂，应该让学生去体验各个地方。迄今为止，"新加坡万花筒"课程在探索新加坡的各个方面都有显著帮助。

各种讲座在学生和老师的学习旅途中益处多多。如今人们对各种挑战和各种问题有了更深刻的认识，包括新加坡面临的问题和如何继续向前等等。

我们认为自己到底熟悉什么，这是需要去发现的。作为老师，应该有某种好奇感和敬畏感，学生也需要对了解新加坡有某种好奇感和敬畏感。这有助于他们明白我们有些什么，这样他们才能够更好地理解我们国家的长处和面临的挑战。

作为老师，我们为学生的学习而感到欣喜，他们获得成就时我们表示庆祝，由此培养价值意识。"新加坡万花筒"课程内容丰富，能很好地培养学生对生活的态度和价值观。

我们能做得很好，我们能用良好的策略创造自身，引领潮流。每个人都在创建、创造并感受到价值所在。

2）对此课程的评价

"新加坡万花筒"课程充分展示了国立教育研究院的整体性的全人教育，推进了各种形式的学习，历史、地理和社会研究中的"深度体验学习"，校外不同环境下的"广泛交流学习"，了解新加坡多元文化、多民族、多语种社会的"明智学习""毕生学习"则建立起持续了解新加坡、持续提升自己的理解和教学能力的欲望。

我们从当前的新冠大流行中学到的经验说明，适应性、灵活性和富有弹性是多么的重要。

在大学中，我们看到了一种病毒是如何改变了我们过去的教学方式的。我们当中有些是承担着教学任务的老师，有些则是为教学提供各种支撑的人员。我们相互支持搞好教学的同时，也要确保学生得到了最好的学习体验。

3.3　第三大责任：赋予专业人员能力

现在我们来看看第三大责任：赋予专业人员能力。在这里指的就是赋予大学教师能力。大学教师如何教会学生为未来而做好准备呢？对此只有一个答案，就是教师自己先要为未来做好准备。就像教育学生那样，教师也要发展思维方式、价值观、各种能力等等，以便能够在不断变化的未来教育环境中"绽放"。我们需要做好持续学习的准备，瞄准未来的各种新现实。

3.3.1　国立教育研究院教师队伍的培养

在国立教育研究院，我们支持教师开发新的教学法，体现"四重学习框架"，以让学生为未来做好准备。创新学习中心给教师提供及时的工作坊，给院系提供个性化工作坊，创建了许多在线资源，介绍新技术手段的运用以及各种创新教学法。

在创新学习中心，我的同事与教师一起开发了科技满满的课程包，确保教学和学习过程的顺利进行。刚才大家已经看了一些例子。

教师队伍是创建"促学环境"的有力支撑，学生由此体验学习的目标所在。这可不仅仅是物质的环境，更多的是课堂交互环境，有目的的学习投入度，以及完成学习任务的环境。这些任务由严密的教学和学习原则、可利用的新科技手段支撑。再回过头看看"新加坡万花筒"课程，该课程创建了课堂外的环境，这个环境是体验式的、多模态的、基于探究的和相互关联的。通过多种教学法，这个课程能够在学生中培养出各种形式的学习，相关的课程教师本身也得到了学习。

最后，我想给大家看看我们中心是如何支持教师开发课程内容的。通过这一点可以看出，不同学科背景的老师一起合作来转变教学过程是多么重要。

我与创新学习中心的小组一起合作，创建了交互式的在线课程，帮助社会学研究的学生提升学术知识。相对于传统的讲授型学习环境，大学创新型学习环境包括物理环境、技术和资源环境、教学和评价策略、教师特征、文化氛围等多重融合的转变[4]。相类似的，交互式在线课程通过创新虚拟学习环境，使得他们在虚拟空间进行研讨和辩论。与创新学习中心的小组成员合作十分愉快，他们能力突出、专业敬业、很有帮助。

一直以来我与国立教育研究院的创新学习中心的小组合作，利用每一种新的元控制件，类似 BBC 微位头等许多模型和传感器，创造出简单可及的相互连接的系统，以展现日常生活中的所熟悉的现象。

我与创新学习中心的聂(Nie)老师合作,她非常有创造力、非常热心。在这里,我们考虑学生的视角和学生的问题,用科技实现有意义的课程设计。

我们意在了解视听教室中教学的不可预测性,于是有了远景方案的想法。我们向创新学习中心的小组求教,谈论了我们的问题,他们帮助我们对此进行概念化,然后修订教学内容,设计课堂,即在线远景方案,帮助我们最终找到解决办法。

创新学习产生激情,学习结果以及学习冲动使得学生可以为自己的未来而去创新。在这个飞速发展的科技社会中,要培养未来的创造者与思想者,在教学和学习中的创新尤其重要。2016 年以来,创新学习中心为教师员工创新教学、产生解决方案、转变教学过程等做了很多工作。如今,国立教育研究院带来了教学法方面的创新,我们提供各种机会,让教师们相互协作,激发思想并在教学团体中分享最好的教学经验。

3.3.2　大学教师要为未来做好准备

各个地方的教师和大学有机会得到职业支持,许多支持正是来自你们中的一些人,你们投入身心来提升高等教育教与学的质量。

在终身教育理念下,开放大学发展迅猛,在人才培养过程中,为使学生形成终身学习的理念,教师角色发生着转换[5]。同时,为了让大学教师持续提升教学能力,我们必须意识到需要完成三种角色。

首先,教师充当学习引导者的角色。教师应当自我指导,去学习新知识和技能,熏陶新气质。这要求探寻个人信念和观点,识别个人学习需要和学习目标。我们也可以与他人合作,在我们的学习中引导他人。其次,教师充当学习者角色。教师必须有要学习和采用学习策略的思维,还要寻找深入学习和广泛学习的机会。最后,教师充当学习的协同设计者角色。教师要与专业的设计者协作,决定要学什么? 如何学? 无论还有其他什么功能角色,这三个角色是职业发展中的关键。

由于经济水平、社会文化、社会制度、政治体制等方面的不同,不同国家和地区的大学教师的激励制度的适用条件也不同。除国际一流大学普遍采用的薪酬激励机制基础[6],在国立教育研究院,我们还提供了"四重学习框架",目标是为了我们教师的职业发展。这个框架的核心是社会情感调节与幸福生活。过去一年由新冠病毒导致的中断给许多人带来了巨大压力。一夜之间,所有的课程都搬到线上,评价也得相应地进行修改。许多人不得不面对新技能、新教学方法。有些人觉得十分脆弱、前景暗淡。对我们的学生,我们面对的是一个线上"声音的世界"。我们需要记住的是,在这种极富挑战的环境下,自我关心、相互关心有多么重要。自我管理、自我审视、更好地了解自己等等都十分重要。

概括起来,如果大学要培养学生为未来做好准备,那么大学教师也要为未来做好准备。我们需要不同才能和技能的教师,他们帮助我们转变课堂教学。尤其重要的是,大学教师要对教育的目的保持初心,教师要赋予学生价值观和技能。

4　全篇总结

在这个报告中,我谈论了高等教育的三大责任:对目标了然于胸,转变教与学的过程,赋予专业人士转变教学过程的能力。

让我重申一下,高等教育不仅仅是要学生为未来做好准备。需要培养能让毕业生投入、主动、自我指导、富有弹性的能力和品质。让他们成为品德高尚的个体。

大学教育必须是整体的、全人的。学生应当学习学术知识和技能,同时他们也应当培养起思维方式、价值取向以及其他非知识的能力,以便应对未来的挑战。大学教师也需要学习新技能,来发展整体的、全人的大学毕生教育。就如我们的学生一样,我们也要为未来而学。在结束之前,我想感谢两位同事,他们跟我分享了一些观点,在讲座中已经提及。非常感谢大家!

参考文献

[1] JAMIL S. 世界一流大学：挑战与途径[M]. 孙薇,王琪,译. 上海：上海交通大学出版社,2009.

[2] KHOON K A, SHUKOR R, HASSAN O, et al. Hallmark of a world-class university [J]. College Student Journal, 2005,39(4)：765 - 769.

[3] 乔娜. 新加坡南洋理工大学创建世界一流大学研究[D]. 陕西师范大学,2019. DOI：10.27292/d.cnki. gsxfu. 2019.001128.

[4] 余继,闵维方. 大学创新型学习环境：内涵、特征及优化策略[J]. 江苏高教,2019(5)：54 - 59. DOI：10.13236/j.cnki.jshe.2019.05.010.

[5] 李勇民. 基于终身教育的开放大学教师角色转换与定位思考[J]. 文化创新比较研究,2019,3(27)：157 - 158.

[6] 罗仲尤,刘樱. 美国公立大学教师薪酬制度的特点与启示——以加州大学为例[J]. 大学教育科学,2015(4)：28 - 31.

Responsibility of higher education：To teach students to learn for the future

Wu Juanming

Abstract：This article is compiled by Professor Juanming Wu on the basis of the lecture delivered at the third Annual Conference of Teaching and Academic Research in Chinese Universities. The lecture centered on the responsibility of higher education to prepare well students for the future. It mainly relates the three responsibilities of higher education, including goals, processes and professionals. Specifically, the in-depth discussions cover the aspects of the goal of higher education, how students learn, how universities treat students' learning needs, how university teachers develop students and let them prepare for the future and so on with unique insights，profound thoughts. It is worth for all higher education related personnel to learn and reference.

Key words：higher education；teaching and learning；student's future

教学学术与新常态教学：如何理解并提升教与学

彼得·费尔顿

（杨炳钧 译 张 莹 整理）

摘 要：本文根据彼得·费尔顿（Peter Felten）教授在第三届中国高校教学学术年会上的讲座整理而成。此次讲座首先以依隆大学的"参与式学习"为例讨论了什么是常态化"教与学"，并强调回答这个问题一定要考虑具体的社会文化环境。接下来，Peter Felten 教授在众多文献的基础上，从三个方面对教学学术与新常态教学进行了深入探讨：第一，具体环境下的教学学术，教学学术到底是什么？第二，如何做好教学学术？第三，什么是"新常态"教学？教学学术与新常态之间是什么样的关系？这些全新视角和高屋建瓴的观点将对高校的"教"与"学"产生引领作用。

关键词："新常态"教学；教学学术；参与式学习

1 引言

来自美国北卡罗来纳州依隆大学"参与式学习中心"的彼得·费尔顿（Peter Felten）教授基于不同的社会文化环境就什么是常态化"教与学"在众多文献的基础上，从具体环境下的教学学术、如何做好教学学术、教学学术与新常态之间的关系三个方面，以全新视角和高屋建瓴的观点以期为高校的"教"与"学"提供一定的借鉴和参考。

大家好！我的名字叫 Peter Felten，我来自美国北卡罗来纳州依隆大学"参与式学习中心"。今天有机会跟大家交流十分荣幸、十分高兴。我要谈的话题是"教学学术与新常态教学：如何理解并提升教与学"。[1]

2 什么是常态化的"教与学"？

首先，我想请您想一想自己的教学。既然我们要谈"新常态"，那么原来的旧常态究竟为何物呢？新冠病毒大流行之前的教学到底是什么样的？新冠大流行之前，您心目中的常态

作者简介：彼得·费尔顿（Peter Felten），男，美国北卡罗来纳州依隆大学"参与式学习中心"，教授。

译者简介：杨炳钧，男，上海交通大学外国语学院，教授，邮箱：yangbingjun@sjtu.edu.cn。

整理者简介：张莹，女，上海交通大学教学发展中心，邮箱：yzhang92@sjtu.edu.cn。

化"教与学"像什么样子呢?

想象的图片中会有很多学生坐在一起,一排一排的,解答老师的问题? 还是老师和学生在一起讨论,很难看出哪位是老师,如果真有老师在场的话。不过显而易见的是,学生在学习、在协作、在解答问题。或者"常态"教与学就像新冠大流行期间,大家都独自坐在电脑旁,网络连接着电脑。所以,新冠之前到底什么是"常态"呢?

2.1　依隆大学的"参与式学习"

在大家思考"常态"这个问题的同时,我想谈谈我自己的相关情况。我们学校有大约7 000名学生,大多数是本科生,来自北卡罗来纳州中部地区。我们特别强调聚焦于教学,以研究为教学任务。最大的班级仅有32名同学,几乎每个班级的同学都会分成小组。这是有意如此安排的,是依据已有研究发现来设计的,其中多数研究你们大概都有所了解。

这是发表在美国科学院文集中的一项研究[2],探讨的是工程、科技和数学课程中的主动学习。研究发现已非常清晰明了,反映了美国的情况。主动学习会极大地促进学生的学业表现。因此,我所在的依隆大学聚焦于主动学习,依此进行教学设计,聚焦于学生的参与式学习来设计教学。

依隆大学的学生学习非常主动、十分投入,许多学生与导师一起完成研究项目,获得高年级顶流经历,参与学习团体,参与两项或更多"广受欢迎的学习实践活动",完成实习,海外学习等等。这就是"参与式学习",是依隆大学的"常态教与学"的实际模样。

2.2　中西方不同背景下的"常态"教学

我觉得我的情况与你们的情况或许差异较大。谷歌地图显示,从依隆大学到上海乘飞机得花22个小时。这可不仅仅是飞越一大片海域,还有文化差异、机构差异、机构期待上的差异、教师与学生的角色差异。要谈"常态",所有这些都需纳入考虑。

什么是"常态"? "常态"应该像什么样子呢? 我思考这一点的同时,也在想,我是从美国的视角来跟你们谈论,你们是在上海。我明白其中有文化差异。

我们可以发现受儒家影响的教育方法和其他教育方法之间的一些差异,同时避免二者的本质化或陷入刻板印象的描述……例如,"西方以学生为中心的方法和受儒家影响的以教师为中心的方法之间的区别。这有一定的道理,当然,在受儒家影响的西方文化中,学生和教师所扮演的角色可能会有很大的不同。然而,如果认为所有西方教师都是真正以学生为中心的……那就错了。同样,仅仅因为他们的关系不符合西方模式,就认为受儒家影响的老师不关心他们的学生,这也是错误的。"这一段话摘自最近发表的一篇文章[3],该研究比较了中国和西方的高等教育,十分有趣。其中涉及评估、实践等。它们之间或许的确有这样那样的区别,但正如作者指出,不宜说西方的教师都是纯粹以学生为中心,也不宜说儒家思想影响下的教师不关注自己的学生,儒家思想下的教学中师生关系确实与西方教学模式中的师生关系不同。因此,我得首先认识到我自己所处的环境到底是什么样的环境,然后真实可靠、虚心诚恳地给你们提供我的相关思考,这些思考根源于我自己所处的美国教育环境,关键词是教学、聚焦、主动、学生为中心、大学。

那么,什么是"常态"教学?"新常态"教学到底要像什么呢? 我们在思考这些问题时,我希望大家结合自己的自身环境来给出答案。我自己的答案或许与你的答案并不一样,或许你是对的,我是错的。我想,答案取决于具体的环境。这是我要讲的内容的大致构架。

3　此次讲座主要涉及三个方面

余下的45分钟我们谈些什么呢? 我想围绕大会主题,从以下三个方面来谈:第一,具体环境下的教学学术,教学学术到底是什么? 第二,如何做好教学学术,我会给出两个例子,提出几条大家可以思考的原则;第三,教学学术与新常态,涉及教学学术与新常态之间的关系,新常态下高等教育中什么是"教",什么是"学"。

3.1　具体环境中的教学学术

3.1.1　教学学术的定义

首先,我们来谈谈具体环境中的教学学术。波伊尔(Boyer)的书:学术的反思(*Scholarship Reconsidered*,1990)。或许您已经有所了解,美国学界以及大多数西方环境下的"教学学术"最早来自 Boyer 的一本影响广泛的书[4],Boyer 曾多年担任卡内基教学促进基金会主席。Boyer 写这本书的目的是为了拓展人们对高等教育中"学术(scholarship)"的理解,增强相关实践。他说,20 世纪中期和末期,人们对"学术"的理解极为狭隘,与他所理解的迥然不同。比如,把"学术"等同于实验室科学研究。Boyer 说,"学术活动"的定义应当更加宽泛,更广泛地理解什么是"学者"。既包括发明发现,也包括他所说的"教学学术"。他还提出另外两种形式,即如何把"学术"进行整合,不同领域、不同学科的学者之间的在某些方面协作以整合一些工作,甚至与普通群众相联系。Boyer 提出的另一种形式即是应用,也就是把学习发现用于各种场景,比如解决医疗难题、工程难题、社会结症、教与学的问题。Boyer 的这 4 个关于教学学术的概念,在美国得到了一定重视。这是 30 年前的观点。我们现在谈的"教学学术"的核心思想就是来自 Boyer,不过他并没有给教学学术下定义,他只是说应该有"教学学术"。过去 30 年来,美国学界谈论教学学术越来越普遍。本次大会也是教学学术会议。那么该如何定义"教学学术"呢? Boyer 提出"教学学术"20 年之后,他与卡内基教学促进基金会的几位同事出了一本书[5],其中提出了以下定义。

哈钦斯(Hutchings)、胡贝尔(Huber)和西科恩(Ciccone)在书中提出,"教学学术(SoTL)……或许最好可以理解为把学术性探究与任何包含教学活动的脑力工作相结合的路径"。这个定义显然很宽泛,有些松散。这可以看作是个大熔炉式的定义,然而,不仅仅是做"教学学术",该定义还强调了学术性探究,不同学科之间的学术探究,在教学活动中的应用。

　　该定义中有一点尤为关键,即"目的是提升自己的课程效果和学位项目质量"。所以,"教学学术"(SoTL)与 Boyer 的"发现的学术"(Scholarship of discovery)有所区别。"发现的学术"通常指的是为了发展可拓展的知识,可广泛应用的知识。"教学学术"更多的是聚焦于如何理解我们自身的环境、自身的目的、自己的教学、自己所处的机构环境、自己的学生;教学学术涉及的主要不是可拓展知识,而是更加特定的知识。我希望这个可以帮助您进行区分。现在这个定义比较充分,足以继续谈论。

　　Boyer 的书出版以来,已经有众多相关研究,这些研究探讨了教学学术的任务是什么,如何运作[5,6]。西方学界都是这么探讨问题的。

　　目前已经很明确的是教学学术有助于改进教师的教学方法,有助于提升学生的学习效果。所以,在自己教学中安排学术探究的教师能够促进自己的教学,提升学生的学习效果。这类教师的课堂中,学生会学到更多。几十年来的教学研究都证实了这一点。

3.1.2　"生成文化"

　　美国、加拿大、英国、澳大利亚等地还有不少关于教学学术的有趣发现。教学学术还产生了一些学者称之为"生成文化"的概念[7],也就是说,"教学学术"促成了"衍生文化",在这样的文化中,正规教师发展的影响力成倍增强,动机自觉的教师个人学习大为提升,教师课堂教学实验获得支持。有学者由此提出教与学之间应有十分重要的对话。可见,教学学术不仅促进个人教学,提升学生在具体课堂的学习,教学学术还创造并支撑着"教师文化",师生一起探究与一起学习的文化,一起对话如何提升教与学,如何理解发生在师生教学方面的事,如何进一步改进教学实验。教学学术对教师、学生、文化都大有裨益。比如,美国的有关研究就发现,教学学术对教师和教学机构益处良多。

3.1.3　阿斯温(Ashwin)& 格维尔(Trigwell):三种不同的"学术性探究"目的

　　现在,我们来谈谈美国和西方的教学学术的另外一个要点。这张是英国和澳大利亚学者的一项研究中的表格[1],有些年头了,但对理解"学术性探究"的目的很有帮助。Ashwin 和 Trigwell 提出,有三个层次三种不同的目的,他们很谨慎,并没有说哪个目的更好或更差,只是说有三种不同的探究目的。第一个目的是"充实自我",就是教师去理解自身环境中自己的教学与学生的学习,这个层面的一种探究可以是收集相关证据,用一些方法来检验证据,得出一些结论。这是对你自己而言有用,对你自己有意义,这衍生出来的是"个人知识"。你自己的教学,你自己学生的学习都得到了提升。这是第一层面的目的。

　　Ashwin 和 Trigwell 提出,第三层面探究的目的是"充实更广泛的听众",如果要让更多听众得到充实,比如全球范围内学历史和生物的听众,那得需要特定的技能。如果那是你探究的目的,那么你收集的证据需要由其他环境中的人来检测和验证,要让其他环境中的人识别并加以理解。由于你是在衍生"公共知识",这种情况下是要发表关于教与学的同行评审研究成果。显然,不同的目的,迥异的探究。

　　他们还提出探究的另一种目的,介于上述两种目的之间,即"充实同一环境下的一些听众"。同一环境可以指某个学科的院系、某个学科、某个更大的机构。该同一环境下的人需要关注相近的探究、价值取向、研究方法和研究结论，因为这类探究衍生"本领域知识"。

Ashwin 和 Trigwell 并没有说其中哪一层面的探究是好的，或者不好的。他们只是说这里有不同的目的，不同的目的会导致不同的证据及证据验证方法，产生的结论和探究的意义有所区别。所以我想请大家思考一下你自己的教学学术的目的。你探究的目的到底是什么？你想充实谁的知识，目的是什么？这会直接引导你自己的教学学术探究。

现在，让我们总结一下我刚才谈的有关美国环境下的教学学术。我们来看看很多年前发表的一篇论文，这是乔治敦大学的兰迪·巴斯(Randy Bass)发表的一项研究[8]。他提出，"教学学术"最为重要的是，教师要探讨对他们自身而言最紧要的有关学生学习的问题。在我们当前这个语境下，我想加一点，教师要明确探究的目的是什么。我做教学学术探究的目的是在国际期刊上发表论文吗？这会推动我去深究问题、方法、结论等等，深究不同的目的是如何促进我的教学，或者和同事一起担任一门课程，这也会推动不同证据的产生。这是对在美国环境下的教学学术的粗略概括。

3.1.4　两项相关研究

我们用以下两点结束这一节的内容。一个是最近发表的一篇论文中的有关洞察，三位作者分别来自新加坡国立大学、南非约翰内斯堡大学和瑞典隆德大学[9]。三位作者是国际教学学术研究的领头学者。他们写的正是他们自身环境下、不同文化背景中的教学学术，他们提出的一点至关重要。比如，在这次大会上你可以思考自己所处的环境，如何采纳、使用，甚至抛弃美国环境下教学学术中的思想与做法，以适应自己环境中的教与学。

这三位学者总结说："这三个不同国家(新加坡、南非、瑞典)教学学术的国家环境、动机和目标各不相同，但大家有着共同的愿望，就是通过投入内部机构和地区之间的学术对话把教学发展到极致，以至于未来的某一天我们的教学实践能很好地在我们自身的环境中服务于我们的需要，达成我们的目的。"这是关键所在。所以，你自己环境中教学学术应该像什么？你自身的需要和目的是什么？是否适用于你自身的环境？

另一点可以参照我最近读到的有关中国高等教育的研究[10]。该研究指出，教育研究在中国越来越普遍，有证据表明，各种方法与途径似乎在教学与学生的参与中展现了价值。或许，中美教育在这方面仍然有显著差异，但不再像之前所想的那样显著。这篇文章还得出了与本次大会十分相关的一个结论，即中国高等教育教师参加"职业提升培训项目以更'完整'地理解与教学相关的概念，更深入地理解学生的学习"，这十分重要。这是中国学者对中国高等教育中教学与学习的研究。在我看来，这些研究所指的是 Boyer 提出的关于教学学术的"学术探究"。似乎对中国环境下的人们促进教学，促进相互理解有帮助。这样看来，中美这方面有不少差异，也有相似之处。无论教学学术在你自身的环境中如何践行、如何发展，显然都是促进你的教学和学生的学习的尖刀利器。这就是我们对第一个主题"具体环境下的教学学术"的简要阐述。

3.2　如何做好教学学术

接下来我将谈谈第二个主题"如何做好教学学术"。由于我并不太了解中国教师的情况,不宜对中国教师如何做教学学术提出我的观点,我在这里仅仅以美国的情况为例,仅仅谈谈美国这边是如何进行教学学术活动的,还请大家酌情思考你自己环境中相对应的情况。

3.2.1　良好教学学术实践的五个原则

大概十年前,我受邀在"国际教学学术学会年度大会"上做主旨报告。大会要求我谈谈什么是良好的教学学术实践?在该主旨报告和随后发表的论文里[11],我提出,满足以下 5 个原则即为良好的教学学术实践,至少是在美国环境下良好教学学术实践的特征:

第一,探究要聚焦于学生的学习。要点是这不仅仅是教学,根本的还是学生的学习,所以要聚焦于此。

第二,探究要根植于具体环境。要么根植于具体学科环境,这时学科显然是关键,要么根植于机构环境,教人数很少的学生,那些高度投入和主动参与的研究生;也有老师可能教成百上千的学生。所以做教学学术方式上的差异不仅是学科和文化差异所致,还可能是因为班级大小所致。教学学术还应当根植于学术环境,帮助学生变得更加好奇,在特定技能上更加擅长。一些文献中也已经提到,我认为探究必须根植于学术环境。

第三,探究要有可靠的方法。在美国这属于教学学术的良好实践。我的意思是,做教学学术的方法不止一种。我们应该利用我们自身受过的训练和获得的专长,与相关专家与合作伙伴协作。如果我要做历史学习方面的教学学术,我会借助我受到过的口述历史方面的训练,由此去做访谈,我会借助我在细读文本和分析文本方面得到的训练。如果需要做更加定性的录制,那得借助相关方面曾得到的训练。无论受过什么样的训练、采用什么样的方法,用好了就行。

第四,是要与学生以合作伙伴的方式进行探究。至少,我们要以良好的师德来面对学生,对他们充分尊重。这一节中我会边讲边谈这一点。我们还得思考一点,即在我们的教学学术工作中把学生当作积极主动的行动者,因为学生拥有的一些视角和某些知识教师并不具备。

第五,我认为任何好的教学学术应当以某种形式公开,只是公开的形式不一定雷同。回顾一下之前讲的 Ashwin 和 Trigwell 提出的三个层面的目的。并非所有的教学学术成果都要发表在同行评审期刊,如果其目的是促进某个系部或者大学的教与学,那么最好的教学学术项目或许就是类似本次大会这样的学术会议。当然,有时有些必须要发表在同行评审期刊上。无论要达到什么层面的目的,任何成果都应该公开且进行同行评审,这样我们可以共享我们在教学学术方面的良好做法,相互学习,我们可以在其他人工作的基础上进一步发展,从别人的评论中得到启发。在这里,我想请你想想,你自己所处环境中的教学学术是什么样子的呢?可能遵循了这 5 个原则,也有可能还有其他原则。这就是我关于如何做好教学学术的一些想法。

3.2.2　关于教学学术的两类问题

正如教学学术的先驱佩特·哈群斯(Pat Hutchings)所说[12],关于教学学术美国大学教师最常提的问题有两类:第一类是"教学学术中什么能起作用?"如果我在教学中如此这般来做，效果会不会更好；如果我这样做，学生会不会学到更多。也就是说，让学生学习效果更好，要采取什么样的办法才会起作用。第二类是 Hutchings 称之为"教学学术是什么"之类的问题。这类问题更加具体，问的是"我们给学生如此这般的任务，是要学生做什么呢？""学生要做什么才能解决如此这般的问题呢？""学生怎么入手来完成如此这般的任务呢？"也就是说，问题问的不是选取什么样的办法做才更好，而是具体做什么。举个例子：比如我感兴趣的是公开的可以获取的教学学术探究，有两篇论文描述的是美国的教学学术中的探究活动，都是开放获取的，容易获得；如果我想要深入挖掘其中的思想，那么我得先考虑一个问题：这具体是什么样的环境中的研究发现呢？我得提醒自己思考这个问题。当然，任何探究都是在特定环境下完成的，关键是我自身的环境是什么样的环境，我自身的环境或许与你们的环境有所不同，这样的思考十分有价值。所以，要思考教与学的具体环境是什么。

　　1）第一类问题：教学学术中什么能起作用？

　　因此，对于"什么能起作用"有以下核心问题（这是一项教学学术项目的研究论文中提出的）：我的课程教学设计形式多大程度上影响了学生的学习呢？这种情况下，需要考虑课程是线上的还是面对面的？或是混合的？一半在线上，一半在线下？教学设计形式是否对学生的学习很重要？另外，课堂活动的结构形式是否针对的是学生的学习？这些都是关键问题。

　　这篇论文是新冠大流行之前发表的[13]，发表在一本叫《CBE 生命科学教育》的优秀期刊上，这几位学者观察并比较的是课程教学设计形式，他们比较了三种形式的课程教学设计，第一种课程教学设计，他们研究了大规模课程，在这一特定环境下，学生多达 300、400 甚至500 多人，课程是"生物学导论"，学生来自迈阿密的佛罗里达国际大学。他们考察的是三种不同课程教学设计形式，学生可以自己选择。第一种课程教学设计形式是每周课堂时间里线上有 0 分钟，根据这几位学者的描述，这种设计中课堂结构"适中"，意思是说有很多可选项，课前任务可做可不做，或者让学生事先看课程录像，要求学生参与在线同伴讨论论坛，没有实际发生的教师课堂教学，学生每周要观看 75 分钟的课程录像。这样一来，学生主要是靠个人在学习。

　　第二种课程教学设计形式是混合式。这种模式下，学生每周线下上课 75 分钟，线上看课程录像 75 分钟，一共 150 分钟。这几位学者把这称为"高结构化"课堂，要求必须完成课前任务，课前同伴讨论占绝大部分时间，不少于 60%，课堂讲授很少，每周不到 10%，当然，学生可以观看 75 分钟的课程录像。

　　第三种课程教学设计形式是面对面式。这是我们常见的传统的大规模课堂教学形式，学生课堂见面的时间是混合式的两倍，每周 150 分钟，文章的几位学者认为，这类课堂的课程结构"适中"，课前任务可做可不做，偶尔有同伴讨论，少于 10%，学生体会的是课堂讲授，占 80%以上。这几位学者的这项研究十分有趣，他们对比了这三种形式，做了非常复杂的研究，包括量化分析、考试的等效分析、统计分析等。他们考虑了某些变量，比如是大一学生还是大三学生选的课，因为学生不同阶段有不同的选择，不同学生有不同的学习背景，他们会选择不同的形式。他们做了非常复杂的统计，去除了某些变量，比较了学生的成绩。他们发现，尽管面对面式教学设计中师生接触时间最多，但学生的成绩表现最差。这十分令人惊讶，因为在美国普遍认为面对面教学对学生产生的效果最好。他们的发现十分重要，尤其是对结构化主动学习而言。他们的结论如下：混合式和线上课程有完全一样的在线资源，混合式还有额外的课堂内主动学习方面的练习，由小组共同完成，这样一来，助教和老师的帮助对那些少数后进的学生大有裨益。换言之，美国这个环境下，不同肤色、不同性别的生物学学生从混合式的"高结构化"主动学习课程中受益最多，学生得到同伴、助教和老师的帮助和支持。这篇论文的发现表明，成绩不依赖于课程教学设计形式本身，成绩取决于结构化主动学习以及相互密切关联的教与学，从中学生可以跟同伴学习，向老师和助教求教。十分有趣的是，这是大规模的统计与量化分析的结果，很有说服力。

2）第二类问题：教学学术是什么？

以上就是对"教学学术中什么能起作用"这个问题的回答。另一个问题是"教学学术是什么？"这不是要进行某种比较，而只不过是谈谈学生参与某些活动时可能会发生些什么事。比如，如何帮助学生更好地写好文献综述呢？这个问题来自我所在的大学政治科学领域，就如美国其他大学的教师那样，该学院的教师发现学生很难写出高质量的文献综述。不过，他们不是去寻找什么办法才起作用，而是先去解答具体存在什么问题。比如，学生到底是如何写政治科学方面的文献综述的呢？他们拿学生的文献综述与专家的进行比较，去了解专家如何写政治科学的文献综述。

以下是引自该项研究的一些内容[14]，我所有的文献引用出处都在最后一页列出。这些图片是关于政治科学的文献综述的这项研究中的访谈视频截图，大家可以看到，这篇论文的作者多数来自我所在的依隆大学，五位作者中有一位来自伦敦国王学院，作者中有三位是学生。

我们是这么做的，我们用了"学科解码访谈"法，要求受访者明确说出自己写文献综述的步骤。"学科解码访谈"是由印第安纳大学开发的访谈方法，是深入探讨教学实践的一种方法，这里我不再详细介绍，你可以很容易找到相关信息，这是一种十分有用的方法。我们找了三组受访者：大二学生、大四学生以及教师。大二学生刚学完关于学术写作的课程，学了政治科学的文献综述；大四学生即将完成学业取得学位。他们参与了一个大型项目的研讨课，其中包括文献综述环节。还有政治科学领域的教师。

这个研究中的一个要点是学生承担研究者的角色来完成各种访谈。我们是有意如此安排的，一会儿我解释一下为什么这样做。首先，我说一说我们从这些访谈中发现了什么。这个研究与那些通过复杂的统计得到结论的研究不同，这个是访谈，属于质性研究。

作为研究者的学生问教师：教师是怎么写文献综述的呢？教师会用"反复的、创新的、循环的、辐射的"等词汇。他们说会在问题与文献、文献与问题之间反复。这是很专业的做法。

当问他们如何教学生写文献综述时，他们说自己教学生时不是那样的，教学生采用的是

"步步为营"的办法,因为很难跟本科生解释"反复、循环、辐射"等方法。首先要教学生一步一步地来,然后才会谈到这些方法。这说得很清晰,前后一致,没毛病。他们怎么写与他们怎么教迥然不同。

在问大二学生他们如何写政治科学的文献综述时,学生说很容易,就是"步步为营"。先做这,再做那。显然,这没那么有趣,没那么令人激动。

令人激动的是,学生研究者问大四学生如何写政治科学的文献综述时,他们回答说,"我知道我做得不对,但我会在文献与问题之间来回反复"。他们还回答说,"我这个办法可不是应该采用的办法"因为总是来来回回地做。在这个语境中,我们学院的学生写的政治科学文献综述更加专业,他们对此更加熟练、更加能干,那么是不是他们就因此而更自信了呢? 答案是否定的。因为老师教他们按步骤来,而他们的做法并不"地道"。这给教文献综述的老师提出了很有趣的问题。我们不仅要让学生对某些技能驾轻就熟,我们还得让他们对这些技能信心满满。

这篇论文中还有一点,让学生主导访谈是否会促成受访者透露某些信息呢? 尤其是学生去访谈自己的同学时。受访的同学在谈论自己不太确定的事,自己不知道的知识或者自己遭受挫折的情况时会更加自在。学生研究者临时有事而我偶然参与访谈时,学生往往就跟我或我的同事说,"知道你们想听些什么"。

3.2.3 作为行动者的学生

这些发现说明,在教学学术探究中不能把学生当作被动的对象,而要让学生成为行动者,参与到探究中,结果会大有助益,影响深远。

或许你可以结合自己的环境来想想。在美国和西方环境下有类似研究[15,16],让学生参与到教学学术探究中,对提升学习、教学、身份发展、归属感都有作用。这很有趣,因为这些发现都支持学生参与类似的探究,和教师形成研究伙伴关系。不过,在什么环境下这些发现才站得住脚呢? 这些研究主要在美国、英国、澳大利亚和加拿大完成,中国的情况是这样的吗? 我不知道。

不过,过去几年来越来越多的研究在探讨在中国环境下学生与教师成为研究伙伴的情况,这里仅举三个例子[17-19]。我也不想宣称类似的伙伴关系在你的环境中也具备一样的效果。不过,我倒是想建议中国和其他地方的新近研究思考具体的环境,思考学生充当研究伙伴的课题。

想到具体环境中的教学学术和实践,我想用访谈中一位学生的话来结束这一节的内容,这个访谈是很多年前我们在写一本书时访谈的一位学生[15]。我觉得这位学生的话对我自己的思考非常有帮助。这位学生说:"我认为老师们……太过于关注把要做的做完,他们并不关注自己的学生,我认为学生才是课堂上最宝贵的资源。"我特别欣赏这位学生的这个评论。一方面,这让我想起我自己教学时,我在努力思考学生为什么很难学会某些技能和知识。另一方面,为什么学生们在某些环境下如此友好呢? 他们是教学学术探究中最宝贵的资源,我自己的探究中最宝贵的资源就是我的学生。所以,要把教学学术做好,必须根植于某些原则和具体实践。我想,应该根植于教师和学生的合作伙伴关系。

3.3　教学学术与新常态

最后,我们简单谈谈"教学学术与新常态"这个主题。这源于已经经历了 18 个月的新冠大流行。它打乱了全世界高等教育教学的节奏。

3.3.1　在你的环境下什么样的教学才是"新常态"?

在想新冠大流行这事的同时,我想请你思考一下以下问题:在你的环境下什么样的教学才是"新常态"? 因为在美国我们知道,全世界也看得到,高等教育自有其良好声誉,教与学也自有其良好声誉,不轻易改变。但在过去 18 个月,我们不得已采取一些颇为激进的做法,大体上做得还好,虽然很难,耗时耗力。当然,并不总是成功美好。但是,我们能够改变,能够尝试新的做法。所以,无论在新常态下我们做什么,我们应当创造新的东西,让学生学得更好,我们教得更好,以满足社会对高等教育的需要。总之,让学生做好充分准备。

3.3.2　"新常态"教学的四个特点

因此,"新常态"下教与学到底像什么? 我想可以考虑以下这几点,当然也是从我自己在北卡罗来纳州的视角来看的。"新常态"教学应该具备以下四个特点:

(1)"新常态"教学必须以学习为中心。美国学界关于在新冠环境下的教育教学已经有很多讨论,但不见得与学习相关。我们要懂技术,这当然是对的,我们得学会使用复杂的工具来搞好教学。但是关键的一点教学不是为了掌握复杂的工具。我们需要良好的技术,安全的教与学,但最根本我们得深入我们自己的学科,深入学生的学习。所以,我们要问的核心问题是学生学的是否是他们需要学的? 我们的教学对学生的学习能起到什么作用? 所以,新常态教学中的头等大事是聚焦于我们意图要实现的学生学习,聚焦于学生要达成的学习目标有哪些。显然,这是核心问题。

(2)新常态的第二个特点是教与学必须基于探究。不仅对老师而言如此,对学生也是如此。我想,新冠大流行使得我们明白,高等教育对学生有重大影响。但是,这个影响在某种程度上弱化了,学生与我们只相处很短的时间,在美国通常是四年。我们如何帮助他们形成探究的习惯、学会探究的技巧、具备探究的能力以让他们毕业并进入社会之后持续学习,持续解决重大问题,持续为自己的社会做贡献,甚至为世界做贡献。要做到这一点,他们必须在学习上是积极主动的行动者,培养自己的探究技能、习惯和能力。这对他们毕生的学习至关重要。因此,我认为对于学生而言,新常态下的教与学必须基于探究。对于教师而言,基于探究的教学有助于学生的探究,我们可以更好地懂得哪些可以帮助学生学得更好,哪些没有帮助。新常态下我们应当以教学学术为导向,这是很关键的一点。

(3)第三个特点,新常态教学学术依赖于具体的环境。我在前面多次谈到环境,回想一下国家环境、文化环境、机构环境等等。所有这些都很重要。学科环境也同样重要。在历史学中所指的良好的教与学就不同于物理学中所指的良好的教与学,与护理学中所指的良好的教与学又有不同。这些都是不同环境下完全不同的事物。一言概之,环境至关重要。新冠大流行这样的环境以这样那样的某种形式让美国和世界各地的相关人士思考一个问题：学生学习究竟在哪里发生？学生到底在学什么？过去我们都基本是在教室里进行教学的，就如我所在的学院。新冠大流行让我们认识到，学生可以在很多地方学习，他们可以在家学、在卧室学、在咖啡厅学、在社区某些场所学，等等。因此，我们得批判性地思考，学生需要什么样的环境来最大限度地学习。或许他们得在实验室待更长时间后才能过关，或许在社区待更长时间之后才能过关，或许实习上多花时间才能申请各种项目。历史学的学生或许要在档案资料上多花时间，与传统的那些大不相同。我们需要明白，环境如何驱动他们学习，引导他们学习。

（4）第四个特点，对于新常态教与学而言，教与学必须包含丰富的联系。新冠大流行下的美国，我们看到的是教师与学生之间的联系、学生之间的联系有多么重要。具体表现在学生学习、学生学业成功、学生的幸福感、学生的心理健康等方面，还表现在学生的压力水平和学习质量上。新冠突然袭来，学生的学习中断，所有教学都只能在线进行。什么都下来了，学习下来了，心理健康也下来了，幸福感也下来了。我们失去的是各种联系，原有的各种联系，包括主动学习涉及的各种正式联络、结构式经验，还失去各种非正式联络，就是师生之间原有的每天发生的各种联络。我和我一位同事有一本新书[20]，其中，我们采访了几百位美国师生，让他们思考师生关系如何引导他们进行教与学。我们的发现与众多发现相互呼应，美国高等教育中多数学生取得成就的最重要的因素，那就是学生学了多少，动机有多大，幸福感如何，毕业率高低等都与学生与同伴之间的关系好坏、与教职员工之间的关系好坏、与所在机构的关系好坏密切相关。因此，从我自己的视角来看，"新常态"教与学必须是以学习为中心，根植于探究，依赖具体环境，人际关系丰富。我不知道在你的环境中是否也是如此，但我想请你思考在你自己所处的环境中"新常态"教与学中有哪些原则。

3.3.3　新常态教学必须基于教学学术

最后在结束之前，我想强调一点，由于教学学术是理解和提升具体环境中的学习的一种灵活有效的途径，新常态教学必须基于教学学术。我们把它当作学术，以探究的标准进行教与学，以便我们能最大限度地教好课堂，尽最大可能地提升学生的学习质量，这是关键所在。

4　结语

我以上的想法和评论是以众多文献为基础的，这里我只给大家展示这个讲座中直接引用到的文献。如果你有什么评论或问题，请与我联系。希望大会圆满成功！我盼望着与你们线上联系或者在未来某个时候见面交流！

参考文献

[1] ASHWIN P, TRIGWELL K. Investigating staff and educational development [J]. Enhancing staff and educational development，2004：117 - 131.

[2] FREEMAN S, EDDY S L, MCDONOUGH M, et al. Active learning increases student performance in science, engineering, and mathematics [J]. Proceedings of the national academy of sciences, 2014, 111(23): 8410 - 8415.

[3] CHONG D Y K, MCARTHUR J. Assessment for learning in a Confucian-influenced culture: beyond the summative/formative binary [J]. Teaching in Higher Education, 2021: 1 - 17.

[4] BOYER E. Scholarship Reconsidered: The Carnegie Foundation for the Advancement of Teaching [J]. JosseyBass: San Francisco Ca, 1990.

[5] HUTCHINGS P, HUBER M T, CICCONE A. The scholarship of teaching and learning reconsidered: Institutional integration and impact [M]. John Wiley & Sons, 2011.

[6] TRIGWELL K. Evidence of the impact of scholarship of teaching and learning purposes [J]. Teaching and Learning Inquiry, 2013,1(1): 95 - 105.

[7] CONDON W, IVERSON E R, MANDUCA C A, et al. Faculty development and student learning: Assessing the connections [M]. Indiana University Press, 2016.

[8] BASS R. The scholarship of teaching: What's the problem? [M]. various publishers, 1999.

[9] CHNG H H, MåRTENSSON K. Leading change from different shores: The challenges of contextualizing the scholarship of teaching and learning [J]. Teaching & Learning Inquiry, 2020,8 (1): 24 - 41.

[10] YIN H, HAN J, LU G. Chinese tertiary teachers' goal orientations for teaching and teaching approaches: the mediation of teacher engagement [J]. Teaching in Higher Education, 2017,22(7): 766 - 84.

[11] FELTEN P. Principles of good practice in SoTL [J]. Teaching and Learning Inquiry, 2013,1(1): 121 - 5.

[12] HUTCHINGS P. Opening Lines: Approaches to the Scholarship of Teaching and Learning [M]. ERIC, 2000.

[13] GAVASSA S, BENABENTOS R, KRAVEC M, et al. Closing the achievement gap in a large introductory course by balancing reduced in-person contact with increased course structure [J]. CBE— Life Sciences Education, 2019, 18(1): ar8.

[14] ROUSE M, PHILLIPS J, MEHAFFEY R, et al. Decoding and disclosure in students-as-partners research: A case study of the political science literature review [J]. International Journal for Students as Partners, 2017,1(1).

[15] COOK-SATHER A, BOVILL C, FELTEN P. Engaging students as partners in learning and teaching: A guide for faculty [M]. John Wiley & Sons, 2014.

[16] MERCER-MAPSTONE L, DVORAKOVA S L, MATTHEWS K E, et al. A systematic literature review of students as partners in higher education [J]. International Journal for Students as Partners, 2017,1(1).

[17] LIANG Y, DAI K, MATTHEWS K E. Students as partners: A new ethos for the transformation of teacher and student identities in Chinese higher education [J]. International Journal of Chinese Education, 2020,9(2): 131 - 50.

[18] LIANG Y, MATTHEWS K E. Students as partners practices and theorisations in Asia: A scoping review [J]. Higher Education Research & Development, 2021,40(3): 552 - 66.

[19] MOORHOUSE B L, OH M H M. Students as partners beyond formal education: A mentoring partnership in the first year of teaching [J]. International Journal for Students as Partners, 2019,3 (2): 156 - 62.

[20] FELTEN P, LAMBERT L M. Relationship-rich education: How human connections drive success in college [M]. JHU Press, 2020.

Teaching Scholarship and New Normal Teaching: How to Understand and Improve Teaching and Learning

Peter Felten

Abstract: This article is based on Professor Peter Felten's lectures at the 3rd Annual Conference on Teaching in Chinese Universities. The lecture first discussed what is normalized "teaching and learning" by taking Elon University's "participatory learning" as an example, and emphasized that the specific social and cultural environment must be considered in answering this question. Next, on the basis of numerous literatures, Professor Peter Felten conducted an in-depth discussion on teaching academics and new normal teaching from three aspects: First, teaching academics in specific environments, what exactly is teaching academics? Second, how to do a good job in teaching and academics? Third, what is the "new normal" teaching? What is the relationship between teaching scholarship and the new normal? These new perspectives and high-level perspectives will play a leading role in "teaching" and "learning" in colleges and universities.

Key words: "new normal" teaching; teaching scholarship; participatory learning

主体性视阈下研究性学习的实践策略与效果

张 玲

摘 要： 大学生主体性发展的偏颇是当下大学教育所面临的重大困境，而落实立德树人离不开每一门课程的投入，由此产生了课堂教学革命的强烈需求，导致课程教学改革创新方法与模式的研究迫在眉睫。经"社会工作概论＋实训"课程的教学改革与个案研究发现，经过个性化的设计及针对性实践策略的践行，研究性学习方法同样适用于以培养应用技术型人才为目标的本科院校，且有助于唤醒大学生的主体性，具体表现在学习行为的正向提升、内在需求的满足以及实质合作共同体的构建。但要保障主体性唤醒效果的持续性，仍面临着研究性学习方法的体系性构建和科学性深化等后续挑战，亟待深度理论思索与实践创新。

关键词： 研究性学习；社会工作；实践策略；主体性

1 引言

2018 年 8 月，教育部在印发的《教育部关于狠抓新时代全国高等学校本科教育工作会议精神落实的通知》（教高函〔2018〕8 号）提出"各高校要全面梳理各门课程的教学内容，淘汰'水课'，打造'金课'，切实提高课程教学质量"。2018 年 9 月 17 日，教育部发布了《教育部关于加快建设高水平本科教育全面提高人才培养能力的意见》，明确了新时代高等教育 40 条，为本科教育改革指明了方向，突出强调"推动课堂教学革命"。2019 年 4 月 29 日，教育部启动实施"六卓越一拔尖"计划 2.0，在全国高校掀起一场"质量革命"。足见以质量为目标的课堂教学革命已刻不容缓。但课堂教学革命的实践推动需以现实为本，以问题需求为导向，以科学的教学方法为指引。同时，在求知、求实过程中还需保持反思与批判以凝练经验、优化理论，再将创新有效的教学方法应用于实践，形成良性循环。在前辈教育工作者陆续推出翻转课堂、对分课堂等新型方法颠覆授课的基本形式之时，个性化、可操作、精细化的教学方法

作者简介： 张玲，女，上海杉达学院讲师，博士，主要研究方向为法律社会学、法治评估、基层法治，邮箱：zhangling-0629@163.com。

基金项目： 上海高校青年教师培养资助计划项目（项目编号：ZZssy18020）。

仍需更多教育一线工作者进行潜心探索。

2 主体性视阈下的研究性学习与问题的提出

"研究性学习"作为兼具历史性和时代性的方法,自 18 世纪以来,经过卢梭、杜威、布鲁纳等三代教育学家的研讨[1],一直在中外教育场域中发挥着重要作用,值得重视与借鉴。在中国的广泛应用是始于 20 世纪末 21 世纪初,重点在中小学课程体系中进行研究性学习课程的设计与开发,学界论述则侧重理论阐释[2]。历经 20 余年,研究性学习逐渐被推广应用至高等教育领域,并在课堂教学实践与研究中获得内涵的凝练和教学策略的总结[3-4]。教育界普遍认为研究性学习蕴含着新的知识观、课程观、教学观和学习观,应当且可以成为我国本科教育改革的总模式[5]。

在概念认知上比较有代表性的观点认为研究性学习是从问题开始,林健[6]提出研究性学习是以探索学科知识的产生和发展规律为路径,以剖析专业原理的行程过程为载体,以分析、研究和解决专业实际和学科问题的过程为平台,以师生互动和同学合作为形式;林群,余桥[7]提出研究性学习是在教师指导下,学生主动发现、主动探索以获取知识和经验,进而促进学生创新精神和实践能力发展的学习活动。总结以上共性认知:研究性学习是指在专业教师的指导下,以专业问题为切入点,主动运用科学研究的思维与方法解析问题,并尝试运用专业知识构建问题解决思路与方法的学习活动。简言之,研究性学习是师生在互动过程中完成的科学学习实践,具有独立性、参与性、能动性等特征,符合美国教育学家约翰·杜威所倡导的"以学生为中心"的教育观。

从主体性理论视角解读,研究性学习的本质是教育者与受教育者通过教与学的实践而实现的主体与主体、主体与客体之间的能动性活动。在课堂教学中,专业教师与学生是以课程知识为客体的共同主体,其所具备的主体性是"内含着交互主体性的人的主体性"[8],需以共识与沟通为基础。正如马克思所说:"个人怎样表现自己的生活,他们自己就是怎样。因此他们是什么样的,这同他们的生产是一致的——既和他们生产什么一致,又和他们怎样生产一致"[9],那么学生是什么样的,也同学生学习什么、怎样学习相一致。在研究性学习过程中,教育者与受教育者共建主体性,尤其是主体的能动性。希冀获得的新品质应当包括问题解决能力和创新能力,因为"真正的主体性应该表现出很强的创造能力和创新精神"[10]。

然而,应用型本科院校在课程教学中运用研究性学习方法的实践案例及研究仍相对较少,研究性学习方法是否适用于应用型本科院校的课程教学,是否能够促动应用型人才培养质量的提升,如何实现方法与具体课程的有机结合等诸如此类的实际操作问题均有待实践考察与理论论证。本文以应用型本科院校——S 大学的社会工作课程教学改革为个案,以主体性理论为视角,理性洞察研究性学习的实践策略与成效,并探寻研究性学习方法体系化所需补足的方面。

3 课程教改的研究性学习创新实践

3.1 教改背景

"社会工作概论"是 S 大学劳动与社会保障专业的专业核心课，在该专业 2018 版教学计划修订时，配套新增"社会工作实训"专业实践课程，共同构成该专业社会工作方向的核心课。S 大学是地处长三角地区的一所民办应用型本科高校，其办学定位是建设多科性、国际化、高水平的应用技术型大学，致力于培养适需、适用、适宜的高层次和高素质应用型人才。该校虽未设立社会工作专业，但为响应国家对社会工作人才培养的需求，将社区社会工作作为其劳动与社会保障专业人才培养的特色方向之一。

应用型人才培养过程存在的两大现实困境倒逼着社会工作课程教学进行改革。第一，教学场域一直局限于传统的校内课堂，既缺乏成熟的社会工作专业实验室，亦未设置社会工作的校外实训环节。在此学习条件下，传统的讲授式教学难以激起大学生的学习热情，对社会工作的认知也较难立体化，社会工作理念、理论、方法与技术的内化效果与应用能力的提升效果亦有限。第二，从大学生主体性表现来看，迟到旷课、低头玩手机、埋头睡大觉、"60分万岁"等行为习惯与固定思维同样充斥着社会工作课堂。加之将社工等同于义工，社工的工作单一化设想成居委会的工作等偏差性观念认知的影响，学生对社会工作课程的学习兴趣及主动性并不强。在硬件设备、课程体系等外在条件短期内无法得到明显改善的情境下，若秉持传统教学方法，那么社会工作课程的教学质量难以得到保证，为此创新课堂教学模式就成为专业教师能动突破社会工作课程教学困境的核心着力点，其根本方向在于以主体性的健康发展为旨向，激发教与学的双重内在活力。

据现实观察，大学生对自由的诉求并不少，彰显其主体性的意识日渐觉醒。然而，大学生对自由的形式化追求暴露了其对"内在价值诉求的深刻遗忘"[11]。在专业课的学习中表现出自我认同的贬低、主动融入群体的意愿少、学习能动性不足等主体性偏颇乃至丧失的问题。对此类问题，教育场域存在两类典型应对策略：一是规范性应对策略，即通过加强校规、校纪来实现管理、教育、培养学生的目的；二是能动性应对策略，即以发挥学生主体的自主性为突破路径来克服其学习的陋习。前者以堵为主，虽是必需，但已有研究表明此类规训式教育模式若使用不当易导致"人的失落、生命的遮蔽和生活的疏离"[12]。后者以通为主，着力于学习主体内在潜力的挖掘，有助于实现健康的主体性及主体间交往。而以激发学生主体性、创新能力为本质的研究性学习正好契合了能动性应对策略的需求，同时又克服了传统方法仅关注个体自身的弊端，并且注重主体间的交往。因此，社会工作课程教学在创新需求与研究性学习的方法供给之间可以而且应当通过实践相互匹配。

3.2 教改历程

基于以上背景,笔者于 2017 年 9 月开始,以研究性学习理念和方法的引入为标志,开启了社会工作课程的教学改革历程(见表 1),共计面向六届劳动与社会保障专业学生(2014~2019 级),覆盖近 300 名学生,重点改革内容是研究性学习方法在实务案例演绎中的运用。

表 1　S 大学劳动与社会保障专业社会工作课程的教学改革历程

阶段	学生	研究性学习客体	个案演绎来源	实践步骤	演绎形式
探索	2014 级 2015 级	"社会工作概论"	网络/自编	模糊	课堂表演
发展	2016 级 2017 级 2018 级	"社会工作概论"+"社会工作实训"	已出版案例集	清晰	视频＋PPT 视频＋PPT＋学科竞赛
进阶	2019 级	"社会工作概论"+"社会工作实训"	社工机构/督导	精细	视频＋PPT＋学科竞赛

第一阶段:在 2017 年"社会工作概论"课程教学中进行的探索阶段。此阶段,"社会工作概论"是劳动与社会保障专业唯一的一门社会工作专业课程,共 2 学分、36 课时,初期研究性学习的客体仅为"社会工作概论",在专业教师的引导下运用研究性学习方法的学生主体为 2014 级与 2015 级劳动与社会保障专业学生。该阶段的案例演绎处于起步状态,学生简单分组后自主搜索感兴趣的社工个案,在课堂上进行角色扮演与个案介入过程的现场演绎,然后由专业老师给予点评。在案例演绎过程中,专业老师的参与和支持相对比较薄弱。

第二阶段:在 2018 年"社会工作概论＋实训"课程教学中进行的发展阶段。研究性学习在社会工作课程教学中应用的深化以 2017 版劳动与社会保障专业人才培养方案的改革为契机,该方案最终对社会工作方向的课程给予了配套与完善,形成了"社会工作概论"(2学分、32 学时)＋"社会工作实训"(1 学分、24 学时)的组合课程。作为极具实践特性的课程,社会工作课程始终坚持案例教学,而实训课程的独立性特点作为一项重要契机,为案例教学的系统化扩大了操作空间,并为研究性学习的高阶应用提供了学时支撑。即自 2018 年9 月,2016 级和 2017 级劳动与社会保障专业学生研究性学习的方法应用进入第二阶段,以概论课及实训课为共同的学习客体,在保持"社会工作概论"研究性学习的基础上,重点突破"社会工作实训"的研究性学习模式。具体方法是选取华东理工大学出版社出版的一套案例研究丛书,选择书中经典案例并将其过程予以全方位演绎,且演绎形式从课堂表演转换成拍摄视频。与第一阶段相比,第二阶段的案例满足了真实性要件,且在案例演绎过程中,专业老师的指导与学生之间的合作日渐丰富。

第三阶段:在 2019 年的"社会工作概论＋实训"课程教学中进行的进阶阶段。该阶段"社会工作实训"的实训教学再次得到升级,着眼于以下三点:①与专业社会工作机构合作,选择其社会工作实务领域中的经典案例或获奖案例;②2019 级劳动与社会保障专业学生分小组研读案例文本,包括理论依据、工作过程、基本方法和介入技巧等;③在专业老师和社工督导的引导及协助下,学生通过14步精细步骤完成经典社会工作实务案例的情景演绎。相较于前两个阶段,第三阶段的实验步骤和考核指标均更为精细化,专业支持力量更强,研究性学习方法的嵌入更系统更深入,当然各阶段所负载的研究内容和研究性特征的强度存在一定的差异性(见表2)。

表2 "社会工作实训"案例演绎的研究性学习实践及其表征和强度

阶段	步骤	内容	表征	强度
研究前	第1步	组建研究性学习小组	组织载体筹备	弱
	第2步	选定小组共同演绎的经典案例	文本对象选择	弱
研究中	第3步	熟悉个案的基本流程,厘清关键人物及其角色	角色功能研究	中
	第4步	研讨个案案主所面临的核心问题并进行重要性排序	问题及根源研究	强
	第5步	研讨社工应对案主问题的理论依据	介入理论的操作性研究	强
	第6步	研讨社工应对案主问题的工作过程	工作过程的流程及优化研究	强
	第7步	研讨社工介入个案的基本方法与技巧	介入方法与技巧研究	强
研究成果制作	第8步	形成视频拍摄的文本依据	文本的叙事重现	弱
	第9步	通过小组合作完成案例演绎视频的拍摄工作		
	第10步	完善后期,完成视频剪辑与整合工作,生成成熟的微视频	行动的叙事重现	弱
	第11步	小组内回顾视频,交流案例演绎的心得体会,分析反思案例演绎的优势与不足	反身性	强
成果展示与评价	第12步	制作演讲PPT	融合他者视角	强
	第13步	按事先抽签顺序进行演绎成果的课堂展示与汇报		
	第14步	运用云开放情景评价系统进行组间互评、老师点评		

迄今为止,在"社会工作概论"课程研究性学习的基础上,"社会工作实训"课程研究性学习已完成老年社会工作、青少年社会工作、儿童社会工作、精神社会工作、医务社会工作、家庭社会工作等领域的经典案例演绎,共计40个案例,初步建成本实训课程的自建案例库,有待进一步实现成果转化与线上共享。

3.3 研究性学习的行动策略

在探索研究性学习方法的应用过程中,笔者以尊重并激发师生共同体的交互主体性为根本价值导向,设计社会工作课程的研究性学习的个性化方式。经过3年的教改实践,研究性学习在社会工作课程教学中的应用业已形成基本稳定的操作模式(见图1),并通过以交互主体性为基础的四大行动策略实现相互衔接,以及从低阶向高阶的跨越,符合"两性一度"的课程建设要求("两性一度"是指高阶性、创新性、挑战度)。

3.3.1 系统设计,分步骤执行

根据"社会工作"课程的体系架构和知识特性,"社会工作概论"课程的研究性学习内容

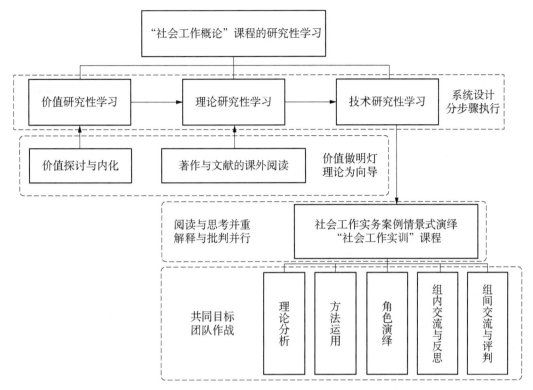

图1 "社会工作概论+实训"课程研究性学习的操作模式

要求是系统的,包括价值、理论和技术方法,且三者并驾齐驱、相辅相成,而学习应根据教学进度安排分步骤有序进行。首先,进行社会工作价值的研究性学习,通过对不同价值观的即时思辨,学生真正认同社会工作的专业价值并激发其深度学习的兴趣;其次,进行社会工作理论的研究性学习,分组共学一套社会工作理论模式,学生对社会工作的基本理论及其对实践的引领价值作出基本把握;最后,进行社会工作技术方法的研究性学习,从案例文本的编码学习,学生认知并熟悉社会工作实务的操作方法。当然,这3项学习并非完全割裂,价值的认可激励着学生进一步学习理论和技术,理论规律的把握指导着技术方法,而后续的可视化成果往往是三者的融合。

3.3.2 价值做明灯,理论为向导

"社会工作"课程是一门偏重实践同时又必须以价值做明灯、以理论为向导的课程。"助人自助""用生命影响生命""接纳""尊重"等社会工作独有价值体系的教学与内化吸收,其难点在于突破本我的桎梏、自我的局限,发挥超我的优势。因此,思想深处的观照和碰撞需通过探讨、辩论的形式来完成。社会工作的理论是帮助学生"了解问题成因、知道解决问题条件、明白解决方法与问题间关系"的基石,其授课难点在于理论的浩瀚庞杂与晦涩难懂。对此,专业教师在指导学生进行研究性学习时,不能脱离实际去要求其阅读过于精深的著作,也无须要求其在一门"社会工作概论"课程中掌握所有的理论知识,而是遴选推荐具有代表性且实用度高的理论,择其一二进行精细化学习,比如优势视角理论,家庭治疗理论等。

3.3.3 阅读与思考并重,解释与批判并行

这是聚焦到研究性学习的基本理念上。研究性学习不仅只去对接社会现实,更要对接学术智慧,因此阅读是必不可少的。但又不止于阅读,单纯的阅读意义不大,必须配合以思考,对"社会工作"课程学习所需的思考就是结合案例去解释问题是什么、为什么、怎么办。同时,与阅读、思考、解释并行的还有批判,即对问题产生的个人因素、家庭因素、社会因素乃至政治体制的因素进行反思批判。而教师在辅助大学生践行研究性学习的过程中不能仅停留在简单创设学习情境和途径的基础层面,而应当发挥更专业的功能,包括将学生引导到学术前沿,对研究思维分步骤个性化地指导,关注学生对科学研究的思维方式和研究方法的吸收程度和实践效果。

3.3.4 围绕共同目标团队作战

研究性学习特别强调在专业指导下的科学思维与合作学习,在"社会工作实训"课程教学中应用的研究性学习方法亦是如此,是有专业老师答疑解惑支持的有明确共同目标的团队作战,即最终以小组形式开展专业的社会工作实务案例情景式演绎。此套学习模式包括理论分析、方法运用、角色演绎、组内交流与反思、组间交流与评判等五大模块。这既遵循个案社会工作的流程,又符合深度合作学习的规律。同时,小组内必须有明确的分工,避免搭便车现象的发生。并辅之以合理的贡献度评分标准,确保实质公平。

此轮课程教学改革经验初步回应了在应用型本科院校运用研究性学习的可行性。

4 研究性学习的主体唤醒

4.1 主体唤醒效果的评测框架

研究性学习方法应用于社会工作课程教学中的目的,不仅在提升知识传授效果,更在立德树人,尤以大学生主体性的唤醒为深层目标。参照马克思主义主体性理论从实践、价值、社会三个维度对主体性给予的解读[13],本研究将大学生的主体性操作分为三个维度:①大学生作为主体的学习实践;②通过实践对自我需求的满足;③以团队精神为核心的群体凝聚力等集体功能的实现。

4.2 评测方法

对于研究性学习的使用在"社会工作"课程教学过程中所产生的主体唤醒效果,本研究主要采取观察法和深度访谈法搜集资料进行分析、予以论证。观察法主要是专业老师基于日常教学过程对全体学生的主体性行为表现的体察,包括考勤结果、上课的抬头率、作业的正确率、回答问题的主动性、主动问问题的学生人数等,也表现为学生与学生、学生与老师之间的关系及互动;深度访谈法是围绕大学生主体性发展维度的主题,以非结构式访谈为方式获取学生心理认知与思想价值层面的主体性发展信息,突出精神性获得,包括个体的以及团

队的。访谈选取了 2017 级、2018 级和 2019 级劳动与社会保障专业共计 6 名同学,其中,4 名为女生,2 名为男生,名单如表 3 所示。

表 3　访谈人员名单

序号	年级	姓名	性别
1	2017 级	ZXR	女
2	2017 级	LSX	男
3	2018 级	PY	女
4	2018 级	XH	女
5	2019 级	ZYL	女
6	2019 级	JJM	男

4.3　评测结果

通过梳理观察法与深度访谈法的资料发现,在专业教师对教学各环节的精细设计及严密落实的要求下,大学生通过个体与小组的参与与专业教师同构着"社会工作"课程研究性学习的交往互动模式,并从以下特征说明大学生的主体性正逐渐被唤醒。

4.3.1　学习实践的全方位与高质量

除个别情况,如参与志愿者活动、生病等,学生出勤率基本保持在 100%,且鲜有迟到早退现象发生。在课堂参与中,抬头率有了明显改观,学生的眼神逐渐从迷茫到清晰明亮,回答课堂问题的参与率有了显著提升。对价值观问题的探讨常能形成正反两方的辩论态势,而一般问题的探讨亦能实现多维思考,树立思维的立体性与全面性。种种表现表明,大学生学习"社会工作"课程的内在动力被大力地调动,这为提高学习效率奠定了基础。

LSX:"我在'社会工作'课程中的积极表现能让我一直得到表扬和尊重,并且我也能看得出老师对我有很高的期望,根据管理心理学中'期望与效价'理论,我在'社会工作'课程上的这一积极表现被不断地正向强化,我逐渐变得愿意去做这件事,这也就激起了我的学习兴趣。"

同时,研究性学习在"社会工作"课程应用中注重培养研究思维,是以"知其然更知其所以然"为学习目标,在专业教师强化过程考核的引导下高质、高效地完成案例演绎学习任务的全过程深度学习。学生在此过程中彰显主体性的行为着重表现在案例的钻研上。

XH:"在案例演绎过程中最主要的就是指定主题和关于准确地在演绎中把主题表达出来,这也是这次任务的核心,所以在这方面我们十分用心地在钻研。"

LSX:"在完成案例演绎过程中需要我和团队钻研的细节有案例本身中的人物性格、主要矛盾和冲突、案例中有无让他人记住的亮点、团队中的团队成员与案例角色之前的匹配度(演绎能力)、团队成员之间的组织交流,并且还需要有一个统一的领导。"

此外,学生主动与专业教师沟通的行为普遍被激发。教师以其专业素养、研究素养支持和指导并配合学生的师生间的合作学习，改变了以往专业教师上完课就走，一学期交流不了几次的尴尬境遇，强化了师生间的交互性。

PY："课堂学习不仅需要认真听讲、勤做笔记之类的基本要点，而且积极思考善于发现自己理解的偏差，并与任课老师的沟通也是十分重要的。尤其是在案例演绎的过程中，因为从剧本开始都是由我们学生团队自己创作的，如何在故事完整性的基础上同时兼顾突出社会工作的专业性是在前期准备过程中较难把控的工作，因此我们团队会在内部头脑风暴之后再将成果交于指导老师，认真听取其意见，从而进一步完善案例的专业性。"

伴随学习效果的提升，大学生与其所学专业距离拉近，在投入学习中渐次了解专业范畴、理解专业价值，尤其是挖掘特定专业在发现问题、解读问题方面所呈现的力量，从而潜移默化大学生通过实习、社会实践、考研、就业等参与方式进一步亲近社会工作行业。2017年至今，据专业实习数据统计，共有20位同学从事社会工作实习，涉及社区社会工作、医务社会工作、家庭社会工作、老年社会工作、儿童社会工作等领域，他们切身体验社会工作实务项目。同时，社会工作也逐渐成为劳动与社会保障专业的同学重点选择的考研方向，并有2位同学考上了社会工作专业的研究生。且由2019级学生组成的萤火儿童阅读沙龙团队目前正运用专业的儿童社会工作方法服务于曹路镇华康社区，为社区6～12岁儿童提供社会工作专业服务。

4.3.2　自我需求的满足与成长

在研究性学习要求下的知识学习不再是被动吸收，而是自主且自觉思考的过程。因此，在研究性学习引导的"社会工作"课程的参与中，不止有外在收获，比如学习习惯的养成，更是满足与提升了内在的需求，这是健康正向主体性养成的表征。

其一，被纠偏的专业认知。学生对社会工作专业及职业的思维误区不仅影响专业人才培养目标的实现，也影响学生择业范畴的拓宽。经由不断改进的"社会工作"课程教学的开展对社会工作的错误理解得到较好的纠正，同时培养了学生的思辨能力。

XH："我原以为社工就像是调节家长里短的老娘舅之类的人物，其实在真正学习以后发现社工是一份复杂且有价值的职业，它在精神、家庭、临终关怀等方面都有着具体的分类，而且随着社会的变化，社工的社会价值也变得越来越高。"

ZYL："以前我会把我们专业的一些专业课程混在一起，但是在社会工作的学习过程中，我逐步把'社会工作'与'社会学'分开来，而不是把它们看成一门课。在社会工作的学习中，会有系统化的助人自助的学习，对于不同群体会运用不同的方法、技巧。"

其二，被提升的自我效能感。课程知识与技巧的掌握不只在于完成考核任务，更能刻入思维形成习惯以备回应日常生活与未来工作之所需。

PY："学习收获在我看来并不单纯是课程最后的分数以及与课程相关的知识掌握程度，还有这门课程带给你的那些能够运用于今后学习生活中的方法或者感悟。在课程学习中收获的实用的学习技巧让我更加关注身边人的需求和情绪，并尝试更多的倾听和帮助。"

ZXR："社会工作是一种社会服务类的工作，它的价值理念是助人为乐，让人民过上更加幸福生活的一种服务,它是促进社会公平正义的职业活动,这门课程对我在生活中的行为举止产生了一定的影响,即会让我们在生活中更加充满爱,懂得感恩,懂得去帮助别人做一些自己力所能及的小事,并让我们具备平等、尊重、民主、接纳、诚信、助人自助等专业的价值理念。让我们在生活中更开朗,遇事的时候更加懂得换位思考,学会尊重自己和尊重别人。"

其三,被修复的心理健康。课程的功能不只在于知识的传道解惑,更是心灵的陪伴与滋养,在行动中修复心理健康是本门课程教改作用于学生主体性的意外收获。

LSX:"我的心理问题一直是我的一块心病,虽然社工课给我带来的自信心和效能感还不足以解决这个心理问题,但是为我后来的自我疗愈起到很好的铺垫作用。"

4.3.3　实质合作与共同体

社会工作课程的学习不再是个人的单打独斗,在合作要求下,小组成员勇于打破相互分离、孤立的个体世界,在案例演绎的助推下构建交互主体性的场域。头脑风暴是必要形式,各环节的钻研是实质过程。

ZYL:"在案例演绎的完成过程中,大部分环节都是小组头脑风暴得来的完整思路,其中在'选定案例''研讨理论依据''研讨运用的方法与技巧''拍摄组内工作'这几个部分都是我们整个团队深入钻研的。首先,我们为了挑选出较适合我们小组的案例,进行多轮筛选来选定服务案例,然后,一同代入身份探讨对案例案主采用什么样的理论模式,采用什么样的工作方法,并不断进行方案预估、评估等工作。其次,在真正落实拍摄的过程中,我们会遇到比较多的实践问题,但整个团队会一同商讨解决,不断地完善,最终才能做出较好的成品。"

ZXR:"大家在一起会头脑风暴产生一些好的想法,我们方案的可行性和完整性相较于一人有所提升。"

在全员参与且实质参与的作用下,共同体的精神水到渠成,这表现在团队的团结,面对分歧最终能够达成共识,以及对团队的归属与认同。

LSX:"我在讲座结束回到寝室的时候发现所有的成员都在寝室里等我,包括走读的和要回外地的。这是第一次我们男生为了同一件事牺牲自己的休息时间。"

ZYL:"大家都具有这个年纪应有的责任心,整个团队都十分团结,即使在有些问题的处理方式上出现过分歧,但大家都愿意赞同最优解,都具有大局观而不是固执己见。"

PY:"团队的力量总是超乎想象的,有着目标一致的队友的助力,合理的分工加上默契的团队配合总能得到虽不一定满意但总是无憾的结果。"

5　研究结论与反思

尽管以研究性学习为中心的"社会工作概论＋实训"课程教学改革取得了一定的主体唤醒成效,但同样存在诸多挑战。这些挑战必须予以重视并采取应对策略,否则研究性学习带来的主体性的发展可能仅停留在表层,甚至可能因为搭便车等现象的难以克服而出现主体性发展及主体间性交往的倒退。

5.1 精准评估研究性学习的效果

不同于有标准答案的考试,通过研究性学习所呈现的学习作品,无论是读书笔记还是案例演绎作品,并没有唯一的标准答案,构建科学公正的考评指标成为难点之一。同时,由于研究性学习强调团队合作,但团队成员间的分工具有差异性与层次性,如何赋予权重,最大限度地实现评分的合理性和科学性,避免"搭便车现象"的频繁发生,亦是精确评价合作学习效果的难点。若不解决,既不利于实现团队的深度合作学习,也有悖公平正义。

面对此挑战,有必要优化考核体系。一是优化过程考核的评价标准,并根据课程设计与实施情况对过程考核的权重予以适时的权衡与调整。二是评价主体的多元化,师生共享评价的权责,并与校内学科竞赛相结合,引入行业专家(资深社工或社工督导)评分,优化结果考核的结构。此外,学生在参与学科竞赛过程中所得到的专业督导建议,具有弱化分数意义的功能,从而引导学生关注专业能力的提升。

5.2 保持研究性学习的持续性

研究性学习不只是一种学习方法,更是一种学习习惯,而习惯的养成需要时间,更需要自觉性。一门课程学习结束后,若无后续的强化措施,或对研究性学习方法的再运用,很可能如知识点学习一样渐渐被淡忘。因此,如何在一门课程的学习过程中有效总结研究性学习的经验,并灵活运用于其他课程,将短暂的学习方法转化为场域培养的稳定习性,将课程的研究性学习上升为专业的研究性学习或需成为助力研究性学习推广应用的重要课题之一。

面对此挑战,有必要构建全局性的人才培养模式,将研究性学习进行初级、中级、高级的分阶,不同级别设置相应的标准与要求,有序推进学生在不同年级阶段自主学习能力以及研究习性的培养。如初级研究性学习借助于大一的学科基础课树立研究意识,中级研究性学习借助大二的研究方法类课程掌握研究的一般方法,高级研究性学习借助大三大四的专业核心课实践研究方法。既保障了研究性学习的持续推进,又为研究性学习深度的强化奠定了基础。

5.3 强化研究性学习的深度

尽管研究性学习的重心是学习而非研究,但研究素养是学习过程中借以发挥并养成的,是人才培养的高阶目标。在当前,运用专业方法分析问题、解决问题的过程是研究素养的主要体现,但问题解决的效果仍处在设想阶段,缺乏实践的验证。如何通过研究效果的反身思考,以及研究性学习的校外实务实践,巩固并提升研究素养的核心——深度思辨能力同样是一项重要课题。

面对此挑战,有必要将研究性学习进一步从形式向实质推进,从校内向校外拓展。实质进阶需关注学习的研究性深度,通过增强专业教师输出研究习性的能力,让学生理解研究的实质,懂得研究的方法,学会模仿成功案例,并内化为思维方式。从校内向校外拓展,诸如暑期社会实践、校地党建项目、专业实习等,是基于学生对真实体验的诉求,通过否定之否定的知识学习规律优化学生研究性学习能力并验证效果的途径。在此过程中,专业老师有必要作为支持者的角色始终处于在线状态,接受学生的专业问题咨询,必要时给予问题研究与解决的方向性及操作性建议。

综上,作为研究性学习方法在社会工作课程中应用的案例研究,本文全面呈现了该方法的操作过程与基本效果,并对其存在的问题做了分析与应对思考。但是,局限于案例研究的特性,研究性学习方法在其他课程中的迁移应用是否能够顺利,并联动其他课程实现学生主体性激发的多倍效应尚且未知。因此,研究性学习方法的体系性与科学性研究是未来研究的重要方向。

参考文献

［1］张华.论"研究性学习"课程的本质[J].教育发展研究,2001(5):14-18.

［2］李召存.研究性学习初探[J].中国教育学刊,2001(1):52-54.

［3］曾祥翊.研究性学习活动的教学设计模式研究[J].电化教育研究,2011(3):81-88.

［4］王睿.研究性学习教学模式与策略探析[J].中国教育学刊,2015(S1):194-195.

［5］周光礼,朱家德.重建教学:我国"研究性学习"三十年述评[J].高等工程教育研究,2009(2):39-49.

［6］林健.运用研究性学习培养复杂工程问题解决能力[J].高等工程教育研究,2017(2):79-89.

［7］林群,余桥."研究性学习"概念的演变及重构[J].教学与管理,2016(3):4-8.

［8］郭湛.论主体间性或交互主体性[J].中国人民大学学报,2001,15(3):32-38.

［9］中共中央马克思恩格斯列宁斯大林著作编译局.《马克思恩格斯选集》第1卷[M].北京:人民出版社,1995.

［10］骆郁廷.马克思主义主体性理论的三个维度[J].武汉大学学报(人文社科版),2009(1):5-10.

［11］付长珍.主体性觉醒与价值观导向的内在向度[J].探索与争鸣,2016(9):56-58.

［12］邱俊燕.主体性理论下思想政治教育交往的弊端及哲学分析[J].学术探索,2016(7):31-35.

［13］纪宝成.中国高等教育散论[M].北京:中国人民大学出版社,2012.

Research study and application strategy from the perspective of subjectivity

Zhang Ling

Abstract:The biased development of college students' subjectivity is a major dilemma faced by current education. Combined with the strong demand of classroom teaching revolution, it is urgent to study the innovative methods and models of curriculum teaching reform. Through the teaching reform of the course "social work introduction and practical training" and the case study, it's found that through the practice of personalized design and targeted practice strategy, the research learning can help to improve the study effect，stimulate students' learning subjectivity，research subjectivity and reflection-explanation subjectivity，and enhance students' professional identity，self-identity and collective identity. Anyway，research learning is also suitable for the application-oriented private colleges and universities and is still faced with further challenges such as systematic and scientific deepening，which calls for deep theoretical thinking and practical innovation.

Key words：research study；social work；practical strategy；subjectivity

基于 OBE 理念打造商科专业"金课"的措施与效果

秦 俊

摘 要:"金课"建设是当前我国高等教育研究领域的热点。特别是在国家一流专业建设的要求下,开展课程的教育教学改革,打造一流课程就显得非常必要。在分析了国内各高校"金课"建设中存在的主要问题的基础上,实施从学院顶层进行规划,结合商科课程特点分类推进,将 OBE 理念引入课堂教学,发挥名师的引领示范作用,营造良好氛围,推进教师信息化教学手段的应用,构建"两位一体"的驱动模式,建立柔性化教学管理制度等多种措施,效果显著。这些"金课"建设的经验与举措,对于高校的商科专业开展一流课程建设具有一定的指导意义。

关键词:"金课"建设;商科专业;OBE;措施

1 引言

课程是高校教育教学的心脏,课程建设与专业建设相辅相成,是人才培养和教学工作的基本依据,也是影响和决定教育教学质量的关键要素。2018 年 6 月,教育部陈宝生部长在全国高校本科教育工作会议上第一次提出要把"水课"变成"金课"。2018 年 8 月教育部发文《教育部关于狠抓新时代全国高等学校本科教育工作会议精神落实的通知》(教高函〔2018〕8号),文中明确提出"各高校要全面梳理各门课程的教学内容,淘汰'水课',打造'金课',切实提高课程教学质量"。"金课"概念第一次正式写入教育部文件[1]。此后,全国各高校掀起了全面进行"金课"建设的高潮,各省市教育行政部门也开始推进各省市"金课"建设的工作。教育部高等教育司司长吴岩提出了建设五大"金课"目标,包括线下"金课"、线上"金课"、线上线下混合式"金课"、虚拟仿真"金课"和社会实践"金课",随即 2019 年 11 月教育部将实施一流本科课程的"双万计划"[2]。计划从 2019 年至 2021 年,完成 4 000 门左右国家级线上一流本科课程、4 000 门左右国家级线下一流本科课程、6 000 门左右国家级线上线下混合式一流本科课程、1 500 门左右国家级虚拟仿真实验教学一流本科课程、1 000 门左右国家级社会

作者简介:秦俊,女,武汉理工大学,助理研究员,硕士,主要从事高等工程教育管理研究,邮箱:qinjun28@163.com。

基金项目:武汉理工大学教改项目"商科专业'金课'建设现状及策略研究——基于 OBE 教育理念视角"(项目编号:W2021151)。

实践一流本科课程的认定工作,这里的一流本科课程即前文所说的"金课"。

2 "金课"建设过程中凸显的问题

各高校的专业、课程、教材的建设是作为人才培养过程中的基本元素,三者是一个共同体,其中任何一个元素的改革都会对其他两者产生一定的影响。2019 年教育部实施的"双万计划"推动了各高校的专业与课程改革,但同时也暴露出一些存在的问题。

2.1 各个学校或学院缺乏整体意识,分类布局不够

各高校一流课程的申报流程通常是学校教务处下发通知后,学院再转发通知要求,各系教师对照要求进行逐级申报。课程建设作为一项系统性工程,若按照常规流程处理往往效果不佳。各学院教学管理部门进行课程项目申报时缺乏合理布局,不能有规划、有针对性地组织教师进行申报。主要原因包括:①学院对课程建设的整体性认识不够;②课程建设、专业建设、教材建设三方面的系统性规划不够;③对各专业课程体系的特色挖掘不够。从 2015 年开始的在线开放课程建设到 2020 年的五类"金课"认定,建成一门国家级的"金课"是需要一定时间周期的,这应该是一个持续改进的过程。因此,"金课"的建设需要教学管理部门提前谋划,才能有的放矢地重点培育。

2.2 教师的传统教学理念与教学模式根深蒂固

传统教学模式主要是以"填鸭式"教育为主,强调"以教师为中心"。教师完全根据自己对课程和教学的理解来授课,缺乏先进的教育教学理念的引导和训练,学习者之间、学习者与教师之间缺乏必要的沟通交流与团队协作,学习者之间更多的是一种竞争关系,而非合作关系,学习者的个性化能力培养得不到体现。大部分高校在选聘教师的过程中,只关注教师的学术水平,不关注教师的教学水平,导致大多数高校教师的学科知识非常优秀,但教学能力严重不足。而教学既是一门科学,又是一门艺术[3],只懂专业不一定能教好书。当前,高校教师对大学教学的研究知之甚少,教学没有被当作专门的学术研究来对待。虽然各高校都制定了鼓励教师能力提高的制度,但重点集中在教师在学科建设和学术研究的发展方面,对于教师教学素养提升、教育教学规律与方法的探讨等方面的培训和鼓励不仅少而且缺乏深度。因此导致"传授范式"的教学理念根深蒂固,这对于高等教育人才培养十分不利。

2.3 线上线下混合式与社会实践一流本科课程建设不足

2020 年教育部公布了首批国家级一流本科课程的认定结果,在认定的 5 118 门课程中,线上课程占比 47%,线下课程占比 37%,线上线下混合式课程占比 14%,虚拟仿真一流课程占比 49%,社会实践一流课程占比 18%,具体如表 1 所示。线上线下混合式与社会实践一流课程相对匮乏,具体到每一所高校,也都存在同样的问题。比如,武汉理工大学管理学院

2020 年共有 5 门课程推荐国家级一流本科课程,最终线上一流本科课程有 1 门被认定为国家级,1 门被认定为省级;混合式与线下一流本科课程有 1 门被认定为国家级;虚拟仿真实验教学有 1 门被认定为省级。管理学院在武汉理工大学的国家级一流本科课程立项数位列全校第一,但关于"金课"如何建设的问题仅仅是教学研究者与教学管理者关注的问题,教师对"金课"建设的共识不强[4],热情普遍不高,方向感也不强。教师对教学深入思考的主动性还不够,这导致"金课"建设的质量和效果与一流水平还有一定的差距。

表 1　2020 年首批一流本科课程认定结果相关数据

课程类别	国家计划建设门数	国家已认定门数	认定门数在建设门数中的占比/%	武汉理工大学被认定门数	武汉理工大学管理学院被认定门数
线上一流课程	4 000	1875	47	23	1
线下一流课程	4 000	1463	37	10	2
线上线下混合式一流课程	6 000	868	14	7	1
虚拟仿真实验教学一流课程	1 500	728	49	0	0
社会实践一流课程	1 000	184	18	0	0

2.4　信息技术与课堂教学改革的融合不足

当前,随着信息技术的高速发展,网络时代的"原住民"已成为大学生的主体,这对传统教学模式提出了挑战。传统课堂"照本宣科"的授课模式已不能适应现代化教育环境,难以满足学习者个性化的学习需求,高等教育的教学内容、教学方法、教学模式和教学管理机制正在发生深刻变化。2020 年突发的新冠肺炎疫情更加速了在线教学的发展与应用,大量数字化教学资源运用于实际教学过程中,这对教师信息化教学手段应用于课堂教学改革提出了新的挑战和机遇,2020 年立项的国家级线上线下混合式一流本科课程数量偏低正是信息技术与课堂教学融合不足的体现,但也孕育了无限的机会。

2.5　教学管理体制机制不够健全

课程建设是一项系统性工程,需要在教学理念、教学体制、管理制度等多方面进行配套建设。一流本科教育不仅需要一流的专业、一流的课程,同样也需要一流的管理。随着高校二级教学管理体制的建立,校级和院系级的教学管理各有其职责和模式。良好的教学管理模式能够为师生创造和谐的教学环境,促进师生身心愉悦地工作与学习。当前高校在推进一流课程建设中,配套的管理体制机制并未完全跟上,导致建设动力不足,也制约了"金课"建设的发展。

3　商科专业"金课"建设的实施措施

商科专业通常是指以管理学和经济学为基础,研究商品生产与经营活动中组织、个人的管理行为和经济行为的应用性学科[5]，商科专业与传统的理工科专业不同，与时代发展的联系更加紧密，其课程具有交叉性、时代性和创新性的特点。成果导向教育（outcome based education，OBE）最早由美国于1980年代提出，已成为西方等发达国家工程教育教学改革的主流。OBE强调"以学生为中心"的个性化教学理念[6]。在OBE教育理念指导下，围绕图1的闭环逻辑对商科专业"金课"建设途径进行探索。

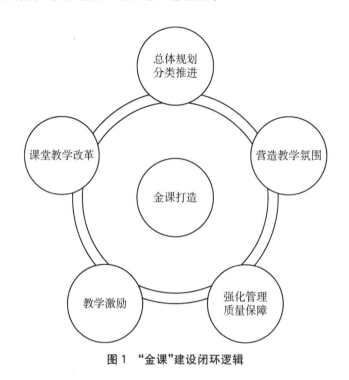

图1　"金课"建设闭环逻辑

3.1　总体规划、分类推进

高校需统筹构建课程建设的总体规划，注重调动教师的参与积极性，从而实现资源整合、结构优化和内涵提升[7]。OBE教育理念虽然源于工程教育，但同样适用于其他学科的课程建设。因此，可以采取如下几种策略：①根据商科专业课程特点，以成果为导向，科学制定课程体系，同时在专业课程中融入创业课程与思政教育。此外，加强学科交叉，如在专业课程中融入心理学课程，培养复合型的新商科人才。②根据一流专业建设部署安排以及建设目标，在已获批和已申报国家级一流专业的建设点分类规划各级各类"金课"建设计划。③结合学校学院各类"金课"建设的实际情况，重点部署混合式与社会实践一流课程建设，挖掘线下一流课程建设的着力点。④根据五类国家"金课"类型，在已建成的校级在线课程与虚拟仿真实验项目基础上，深入挖掘，分类推进。⑤加强教材建设，助力"金课"改革。管理学院从校级"十三五"规划教材中遴选了一批"新商科"系列教材，由学院对接出版社，全额资助教材出版费用，激励教师主动投身教材与课程建设工作中。

3.2　结合商科课程特点,在课程和教学设计中推行 OBE 理念

商科专业课程特别注重学生创新创业能力的培养,这种培养目标若采用 OBE 的培养模式会取得显著成效。首先,通过研究和贯彻 OBE 等先进教育理念,学校各级各类教学研究以项目为抓手,加强项目的过程管理,进行全程的质量监督与控制,形成 PDCA(Plan、Do、Check、Act,计划、执行、检查、处理)闭环。然后,将教学效果好的经典课程在全院进行示范与推广,以点带面,逐步打造商科专业的特色课程。最后,推动专业教育与思政教育的紧密融合,将课程思政与"党委抓课堂"、师德师风建设和教学改革形成四位一体融合理念,协同推进课程建设,使任课教师具备价值塑造、知识传授与能力培养三者统一的育人能力,在"三全育人"过程中实现教学效果的转化。

3.3　通过名师潜心育人营造学校的良好氛围,提升教师的信息化教学能力

(1)实施本科教学示范岗制度,制定《教学示范岗申报与评价要求》,对教学示范岗进行监督与考核,以教学分享会的形式进行教学示范岗的展示。这一制度一经推出,就得到了全院教师的积极拥护,受到老师们的一致好评。

(2)以特色活动"杏坛开讲"为抓手,邀请全校及世界一流大学的教学名师分享教学经验和教学研究成果,用榜样的力量带动教师积极投身教学改革,营造教书育人的良好氛围。

(3)推进混合式教学模式与虚拟仿真实验教学项目建设。混合式教学是适应信息化教学需求的产物,侧重于在课外培养学生的实践能力,既有利于拓展学习者的思维,又有利于学习者提高实践探索能力[8]。虚拟仿真实验教学是高等教育信息化建设的重要内容,是学科专业与信息技术深度融合的产物,是未来实验教学的发展趋势。武汉理工大学成立的面向全产业链汽车虚拟仿真实验教学中心,通过"教、学、练、考"相结合的方式,对车辆工程类专业学生实验实践能力的培养发挥了巨大作用[9]。同时,结合高校教师教学发展中心定期组织的教师培训活动,鼓励教师开展课程教学方法的改革[10],快速提升了教师的信息化教学能力。

3.4　构建"两位一体"驱动模式,协同推进"金课"建设

"两位一体"驱动模式是指以立项资助为主的资源驱动模式与以制度激励为主的制度驱动模式协同推进"金课"建设。资源驱动模式是指通过立项并给予经费支持的办法来推动"金课"建设;制度驱动模式是指通过完善的课程、教师、行政等方面的制度来驱动"金课"建设[11]。以一流本科课程培育与立项建设工作为抓手,对立项项目给予一定的经费资助;在行政制度方面,修订教学与行政激励方案,对获批校级以上的质量工程项目给予教学奖励,提高教师投入一流课程建设的积极性与主动性;在教师制度方面,学校人事与教务部门在教师职称评聘时出台教学型教授指标单列的相关文件,激励教师的积极性与创造性,构建"金课"产出的长效机制;在课程制度方面,制定和出台规范管理的规章文件,对于全新开设的通

识课程,制定专门的通识课程管理办法,保障课程质量,杜绝"水课"和因人设课等现象的出现。

3.5　建立柔性化和规范化的教学管理体系,加强质量监控

柔性管理强调任命高素质和富有人格魅力的人成为领导者,领导者通过自身的示范引领潜移默化地影响其他人,激发大多数人的良性自觉和可持续的行为改变,从而有效地促进本科教学工作。学校和各级学院搭建师生沟通的纽带桥梁,畅通教学评价反馈路径,从多维度、个性化的角度对教师进行形成性考核评价,构建符合教师个性发展、提高教学管理效能的新模式。比如在学期中间,再次对上学期评教分数较低的课堂进行问卷调查,将结果及时反馈给任课教师,帮助教师及时调整,提高教学质量。

4　商科专业"金课"建设成效

先进的教学理念,良好的教书育人氛围,成功的改革探索,使管理学院一流本科课程建设始终走在学校前列。2020年,武汉理工大学共立项40门首批国家级一流本科课程,其中管理学院立项4门,立项数并列全校第2名;2021年管理学院省级与校级一流本科课程立项数位列全校第1,目前已有3门课程推荐国家级。在一流课程建设的带动和影响下,2020年教师团队建设实现零突破:"管理科学与信息管理系"获得湖北高校省级优秀基层教学组织,工商管理与会计学2个专业成功获批国家级一流专业建设点,信管专业获批省级一流专业建设点。此外,"金课"建设积极响应课程思政的号召,在教学中强调立德树人,积极引入课程思政元素,管理学院校级"课程思政"示范课程立项数位列全校第1。

5　结语

在教育部全面推进一流本科建设,打造"一流专业"的同时,配好"金课"建设。一流课程建设是一个系统工程,需要教师、学生、管理者全员参与[12]。各个高校和学院是整个一流本科建设体系的核心,高校教师是课程建设的实施主体,也是课程建设的主导者,对课程建设质量和育人质量起着决定性的作用。武汉理工大学管理学院"金课"建设的实践证明,首先要做好课程建设的总体规划,通过多种途径转变教师教学理念,给予一定激励,同时配合商科教材建设,管理体系与质量保障体系建设,多方面协同推进,才能充分调动教师参与"金课"建设的积极性与主动性,推动本科教育教学水平的整体提高。

参考文献

[1] 吴岩.建设中国"金课"[J].中国大学教学,2018(12):4-9.
[2] 教育部高等教育司.教育部关于一流本科课程建设的实施意见[EB/OL](2019-10-30)[2020-06-

20]. http://www. moe. gov. cn/srcsite/A08/s7056/201910/t20191031_406269. html.

［3］ 史仪凯. 一流课程建设和教学的关键在提升教师的教育教学水平[J]. 西北工业大学学报(社会科学版),2020(1)：50－57.

［4］ 胡万山,周海涛. 提升高校教师"金课"建设效能[J]. 现代大学教育,2019(6)：31－35.

［5］ 易爱军,吴价宝,戴华江."互联网＋"背景下商科创新人才培养模式研究[J]. 淮海工学院学报(人文社会科学版),2018(7).

［6］ 李志义,朱泓,刘志军,等. 用成果导向教育理念引导高等工程教育教学改革[J]. 高等工程教育研究,2014,02：29－34＋70.

［7］ 施佳欢,蔡颖蔚,郑昱. 一流本科课程建设的实践路径——以南京大学优质课程建设为例[J]. 中国大学教学,2021(4)：49－53.

［8］ 解筱杉,朱祖林. 高校混合式教学质量影响因素分析[J]. 中国远程教育,2012,10：9－14.

［9］ 侯献军,唐蜜,张国方,等. 面向全产业链的汽车虚拟仿真实验教学中心建设与发展[J]. 实验技术与管理,2017,34(2)：1－6.

［10］ 刘允,王友国,罗先辉. 地方高校在线开放课程建设实践与探索[J]. 教育与教学研究,2016,(30)8：69－73.

［11］ 叶信治. 高校"金课"建设：从资源驱动转向制度驱动[J]. 中国高教研究,2019(10)：99－103.

［12］ 朱秋月,黄明东,沈凌. 供给侧视域下一流课程建设：逻辑、困境和因应路径[J]. 现代教育管理,2021(10)：47－53. DOI：10.16697/j. 1674－5485. 2021. 10. 006.

Measures and effects of "golden classroom" construction for business majors based on OBE concept

Qin Jun

Abstract：The construction of "golden classroom" is a hot topic in the research of higher education. Especially under the requirement of national first-class specialty construction, it is very necessary to carry out curriculum education and teaching reformation. On the analysis of the main problems existing in the construction of "golden classroom" in colleges and universities, Implement a variety of measures from several aspects, such as college Top-level Planning, promoted the concept of OBE into the classroom combining with the characteristics of business courses, Famous teachers lead to create a good atmosphere to promote the application of information teaching means, constructing "two in one" driving mode, establishing flexible teaching management system, etc. The experience and measures of "golden course" construction have certain guiding significance for the construction of first-class courses for business majors in universities.

Key words：Construction of "Golden classroom"；Business major；OBE；measures

工程教育质量认证对金属材料模块课程的规范化与牵引作用研究

万见峰

摘　要： 基于借助于工程教育质量认证，对金属材料模块中的三门主干课程进行了一次梳理和集中修订，使得各门课程的教学大纲、教学目标、教学方法、教学理念、教学评价等更科学和更规范。在统计分析基础上发现课程的达成度越大，培养优秀学生的比例越大，进一步证实了以学习效果为中心教学设计的实施效果。进一步的研究发现，依据工程教育质量认证优化后的课程目标更具竞争力，符合国家经济发展的需求、符合学校的人才培养理念、符合材料专业的未来发展需求，促进了学生的知识、素质和能力培养，推动了课程建设的国际化。

关键词： 金属材料模块课程；工程教育质量认证；课程达成度；规范化

1　引言

工程教育是我国高等教育的重要组成部分，在高等教育体系中"三分天下有其一"[1]。截至 2013 年，我国普通高校工科毕业生人数、本科工科在校生人数、本科工科专业布点个数，总规模已位居世界第一。工程教育在国家工业化进程中，对门类齐全、独立完整的工业体系的形成与发展，发挥了不可替代的作用[2]。上海交通大学材料科学与工程学院（以下简称材料学院）的培养模式属于典型的工程教育，已纳入教育部工程教育质量管理体系。

引入工程教育专业认证是教育部实施教育质量管理的重要举措[3]。工程教育专业认证是指专业认证机构针对高等教育机构进行的工程类专业教育实施的专门性认证，由专门职业或行业协会（联合会）、专业学会会同该领域的教育专家和相关行业企业专家一起进行认证，旨在为相关工程技术人才进入工业界从业提供预备教育质量保证。工程教育专业认证是国际通行的工程教育质量保障制度，也是实现工程教育国际互认和工程师资格国际互认

作者简介： 万见峰，男，上海交通大学材料科学与工程学院，副教授，博士，主要研究方向：材料科学与工程，邮箱：jfwan@sjtu.edu.cn。

基金项目： 上海交通大学教学发展基金、工程教育质量认证对材料模块课程的规范化与牵引作用研究 No. CTLD20J 0026、智慧学习方法在材料科学专业教育中的探索与实践（项目编号：CTLD18B 0039）。

的重要基础。工程教育专业认证的核心就是确保工科专业毕业生达到行业认可的既定质量标准,是一种以培养目标和毕业出口要求为导向的合格性评价。工程教育专业认证要求专业课程体系设置、师资队伍配备、办学条件配置等都围绕学生毕业能力达成这一核心任务展开,强调建立专业持续改进机制和文化氛围以保证专业教育质量和专业教育活力[4]。上海交通大学材料科学与工程学院已将工程教育质量认证体系引入到日常的教学质量管控之中,这对材料学科的发展具有重要意义,对学院各门课程的教学提出了更高要求,对任课教师来说是机遇也是挑战,但最终目标都是为了提高教学质量,为国家培养更多杰出的创新创业人才。

在实施工程教育质量认证之前,材料学院的本科生培养目标是"以材料科学与工程一级学科为专业进行培养,使学生成为具有扎实和系统专业基础知识结构、较强的工程实践和创新能力、良好国际化视野的高层次、复合型人才,以满足材料科学与工程领域科学研究、科技创新、工程应用及组织管理等方面的人才需求"。实施工程质量认证之后,2018 年将本科生培养目标更改为"以学生的发展为中心,依据落实价值引领、知识探究、能力建设、人格养成的四位一体的育人理念,将学生培养成材料科学与工程专业的具有扎实和系统的专业基础知识、卓越的实践和创新能力、宽广的国际化视野,求真求实的学术追求,强烈社会责任感与人文素养的卓越人才,以满足本领域在科学研究、技术创新、工程应用及组织管理等方面的人才需求"。培养目标的更改需要配套相关课程的同步修改,包括教学大纲、教学方法、教学内容、教育理念等,一系列的变化取得了怎样的效果? 有哪些经验和教训? 这是本研究要探究的问题。

依据工程质量认证指标对课程进行的全面变革和调整,一方面规范了教师的教学,特别是使教师将知识点与人才培养目标紧密结合起来,时刻注重人才发展需求,全部注意力集中在学生全面发展的培养上;另一方面经过工程质量认证,所有教学工作都紧紧围绕目标来进行,对教学有积极的牵引作用。在上海交通大学,除了材料科学与工程之外,机械、电信、船舶、航空航天、环境科学与工程等均属于工程教育体系,因此,材料学院所进行的教学体系改革具有积极的促进和示范作用。本文结合工程教育质量认证,研究金属材料模块课程教学中的教学大纲、教学目标、教学方法、教学理念、教学评价的规范性和牵引性和未来改革方向,以期为其他工程教育提供更科学的经验和示范作用。

2 研究方案

2.1 研究对象

材料工程学院在工程教育质量认证后,选取二门专业课的学生及其教学大纲,教学目标,教学方法,教学理念,教学评价的规范性、牵引性和未来改革方向作为研究对象。

2.2　研究方法

本文的研究过程是依据工程质量认证指标对教学大纲进行整理,将知识点与指标一一对应;依据教学大纲的变化,对教学内容和教学方法进行改革;在日常教学中一一落实相关指标,并突出相关指标的目的和要求;加强过程管理,完成教学阶段性小结和最后总结;依据质量认证内涵对课程进行科学评估。在此基础上,采用定性与定量相结合的方法对上述过程进行研究。在研究的过程中,详细收集和记录上课学生期末考试试题、平时作业成绩、课堂问卷式小测验及相关的工程教育指标点,将这些资料作为样本进行分类统计,得到平均成绩、分项评价值及总评价值。样本信息对应优、良、中及及格4类,样本的类别分别与样本数量和评价指标定量值相对应。最后基于课程目标达成度这一定量值,对课程进行定量评价,此定量指标具有普适性和可比性,即在工程教育认证中可根据其大小来进行排序,而不用考虑学生人数、课程类型、地域等差异导致的影响。

3　研究结果与分析

3.1　课程教学大纲的优化设计

依据本科毕业要求12条指标点(见附录),我们对金属材料模块课程的三门主干课程的教学大纲进行了修订和优化设计,其中非常重要的一个变化就是重新设置了与课程目标相关的内容,包括课程目标及其与毕业要求的对应关系,如表1、表2、表3所示。金属材料模块课程的三门主干课程,无法全部覆盖本科毕业要求的12条指标点,每门课程只能覆盖其中一小部分,这是客观的、也是科学的。因此,需要建立一个完整的课程培养体系才能完全覆盖工程质量教育认证中的所有指标点。

依据工程教育指标点来设置课程目标,具有以下优点:①弥补了以往课程教学中忽略课程目标导致的认知混乱。这里包括任课老师、教学管理人员以及上课的学生,特别是学生经常稀里糊涂地上完一门课,到最后都不明白为何要上这门课。从上课出勤率、课堂分组讨论和课堂小测验结果看,经过教学改革后,学生已非常明确上课的目的不是为了应付考试,而是在培养自己各方面的能力,其学习主动性明显提高。②规范具体的教学活动。以往的教学,主要由授课教师来决定,其个人教学习惯和兴趣会起主导作用,而实施工程教育质量认证后,教师会检视自己的教学特点及教学理念,更会将各项指标点作为衡量教学的重要标准,会以学生的学习效果作为教学的中心和重心来组织、设计教学环节。③教学管理变得更规范、更高效。实施工程教育质量认证后,成立了教学管理委员会,对相关课程实施教授负责制,明确老师和教学管理人员的责任。以往教学管理人员对于每门课的知识点不会像任课老师那样熟悉,因此,以往的教学管理人员无法对教学大纲实施有效的管理和监督。根据新"教学目标"修改后的教学大纲对于教辅人员及教学管理层来说能找到实施管理的落脚点,即核定这门课的教学在整个教育培养体系中能否对相关毕业要求起支撑作用,"教学目标"不仅是教师教学的导航和中心,也是教学管理层的一个重要"抓手"。一门课程的设置是否合理、有价值,其中一个重要考量点就是该课程在学生毕业要求中的贡献度。

表1　"金属材料强韧化与组织调控"课程目标与毕业要求的对应关系

| 课程总目标 | 课程目标与毕业要求的对应关系 | | | |
	对应的毕业要求	对应的指标点	对应的课程目标	达成途径
(1) 能够熟练运用从事材料类工程工作所必需的专业基础知识(支持毕业要求1.1)	(1) 工程知识与国际前沿	1.1 熟练运用专业基础理论知识、专业知识、实验技能	1	讲授作业、讨论
(2) 具备运用所学知识来分析解决实际问题的能力(支持毕业要求2.3、1.3)	(2) 问题分析	2.3 能运用基本原理,借助文献研究,分析过程的影响因素,获得有效结论	2	
		1.3 能将相关知识和数学模型方法用于专业工程问题解决方案的比较与综合		
(3) 熟练运用材料组织调控的方法、思想和工艺(支持毕业要求3.1)	(3) 设计/开发解决方案	3.1 能说出与材料相关的方法、概念、设备,材料工程设计中存在的问题和发展趋势	3	
(4) 具备工程师所必需的实验设计和研究能力(支持毕业要求4.1、4.2)	(4) 研究	4.1 能够基于科学原理,通过文献研究或相关方法,调研和分析复杂工程问题的解决方案	4	
		4.2 能够根据对象特征,选择研究路线,设计实验方案		
(5) 具有创新意识,综合运用理论和技术手段进行创新设计(支持毕业要求3.3)	(6) 工程与社会	3.3 能够选择合理的研究方法设计新实验,发现或者研发新材料	5	

表2　"热处理及其智能化"课程目标与毕业要求的对应关系

| 课程总目标 | 课程目标与毕业要求的对应关系 | | | |
	对应的毕业要求	对应的指标点	对应的课程目标	达成途径
(1) 能正确说出固态相变原理、传热学及弹塑性力学在各类热处理工艺中的应用原理。(支持毕业要求1.3,2.3)	(1) 工程知识与国际前沿	1.3 能够将相关知识和数学模型方法用于专业工程问题解决方案的比较与综合	1,2,3	讲授作业、讨论、考试
(2) 正确说出热处理工艺模拟的各项基本原理及其工程应用。(支持毕业要求1.3)				
(3) 熟练使用热处理过程定量计算的模型与算法,能够对一些典型热处理工艺过程的工艺参数进行优化计算。(支持毕业要求1.3,2.3)	(2) 问题分析	2.3 能运用基本原理,借助文献研究,分析过程的影响因素,获得有效结论	1,3,4,5	
(4) 准确说出各类热处理工艺的标准流程、处理规范及环保安全要求。(支持毕业要求2.3,1.3)	(7) 环境、可持续发展	7.1 能够严格遵循材料工程实践中生产、设计、研究、开发、环境保护和可持续发展的相关政策	6	考试、讨论
(5) 能够清晰解释热处理工艺中常用测控设备的工作原理及技术要求。(支持毕业要求2.3)				
(6) 准确说出典型零部件的热处理工艺流程及其工业应用(支持毕业要求7.1)				

表3 "功能金属材料"课程目标与毕业要求的对应关系

课程总目标	课程目标与毕业要求的对应关系			
	对应的毕业要求	对应的指标点	对应的课程目标	达成途径
（1）扩大学生视野。学生能熟练说出功能金属材料的类型、物理本质及其适用领域，某些典型功能材料的特殊功能现象及其产生机理。（支持毕业要求1.1） （2）学生能熟练说出各功能材料特殊功能现象及其产生机理；熟练运用各功能表征的测试方法；（支持毕业要求1.1） （3）学生能熟练说出金属功能材料与其他具有相同功能的非金属材料性能优势与局限性，各种金属功能材料研究现状及发展趋势。（支持毕业要求1.4,7.1,7.2） （4）学生具备刻苦务实、精勤进取；发现、分析和解决问题的能力；批判性思考和创造性工作的能力。（支持毕业要求1.3,2.1,2.3,4.4）	（1）工程知识与国际前沿	1.1 学生能熟练运用专业基础理论知识、专业知识、实验技能	1、2	讲授作业、讨论
		1.3 能将相关知识和数学模型方法用于专业工程问题解决方案的比较与综合	4	
		1.4 学生熟悉本专业的研究前沿以及发展趋势	3	
	（2）问题分析	2.1 能运用相关科学原理，识别和判断复杂工程问题的关键环节并求解；	5	
		2.3 能运用基本原理，借助文献研究，分析过程的影响因素，获得有效结论。	4	
	（4）研究	4.4 能对实验结果进行分析和解释，并通过信息综合得到合理有效的结论。	4	
	（7）工程与社会、环境、可持续发展	7.1 学生能够说出和遵守材料工程实践中生产、设计、研究、开发、环境保护和可持续发展的相关政策；	3	
		7.2 科学认识和评价材料科学与工程对社会、环境的影响的能力，具备在实践中坚持环境保护与可持续发展的意识和行动。	3	

3.2 教学过程

要达成所设置的课程目标并完成相关的毕业要求，教师需要对教学活动进行合理而高效的组织和设计。由表1～表3可见，教师倾向于选择"课程讲授＋作业＋讨论"这种教学模式。课程讲授能完成基本的知识传承，作业能检验学生对知识的掌握程度，讨论则突出培养学生运用知识的能力。前面两种达成途径在小学直至高中都在运用，进入大学后学生很快就能适应。对于讨论环节，大学教师基本都会利用，通过讨论环节能明显看出学生之间的差异，有的学生善于表达、演讲、表演，能在小组讨论中起到很好的组织带头作用，但有的学生缺乏足够的自信来组织小组成员完成不同角色的划分及对相关讨论任务进行分配，这种差异性非常需要教师在讨论环节予以指导和鼓励，要让每一个学生都得到发展和锻炼，一个都不能落下。三门课程面对的对象虽然都是大四毕业生，但学生上课出勤率都得到改善，不再有学生用各种借口请假的情况出现。学生能积极主动地跟随教学各环节并集中注意力上课。明确的教学目标让他们明白，无论是就业还是读研、出国，这些专业基础课都会在其未来的职业生涯和科研活动中发挥重要作用。学生的学习目的一旦明确了，学习态度自然也就端正了。现在，学生已转变观念，上课不再被动学习知识，而是积极参与培养自己各方面的能力，为自己未来的职业生涯进行知识储备、能力储备和人格/品质储备。

3.3　课程目标达成度分析

课程目标达成度是一个相对科学的量化衡量指标,它没有优秀之分,只有合格与不合格的差异。任课老师更能接受这种达成度的评价方法和评价结果。在评价方法上,采用数学统计方法,将上课学生作为统计样本,结合教学大纲中课程目标对应的毕业要点,将平时上课表现、作业纳入到期末考试综合评分系统中,实现对教学全过程的评价,这样得出的评价结果既能反应学生的学习效果,同时也能体现教师的授课质量。三门主干课程的达成度评价如表4、表5、表6所示,总体上都达到了合格的标准。另外还能看到一个规律,即评价为优的学生越多,达成度的分数也越高(如表6所示,达成度为82),表明这门课的授课效果越好,同时体现了教学要以学生的学习效果为中心的特点和要求。

表4　"金属材料强韧化及组织调控"课程目标达成度评价表

班级学生人数			16	样本数		16	
毕业要求达成情况							
指标点	毕业要求指标点内容	课程教学目标	评价依据		对应指标点评价		
				分值(A)	平均成绩(B)	分项评价值 $C_i = \Sigma^B/\Sigma^A$	评价值 $C = \Sigma(C_i * 权重)$
2.3	能运用基本原理,借助文献研究,分析过程的影响因素,获得有效结论	熟练说出从事材料类工程工作所必需的专业基础知识;具备运用所学知识来分析解决实际问题的能力;熟练运用材料组织调控的方法、思想和工艺	期末考试(70%) 试题1、2	30	22.31	0.74	0.85
			平时成绩(30%) 作业＋课程讨论＋课堂测验	100	88.75	0.89	
1.3	能将相关知识和数学模型方法用于专业工程问题解决方案的比较与综合	能够运用材料微观组织调控的基本原理来设计新型金属结构材料,进一步提高结构材料的力学特性(包括强韧特性),以满足现代工业生产中对金属结构材料优异性能的需要	期末考试(100%) 试题3、4	25	16.06	0.64	0.64
3.3	能够选择合理的研究方法设计新实验,发现或者研发新材料	具备工程师所必需的实验设计和研究能力;具有创新意识,能够综合运用理论和技术手段进行创新性的设计	平时成绩(30%) 试题5、6、7＋作业＋课程讨论＋课堂测验	45	34.69	0.77	0.77

（续表）

样本信息	优,0人;良,3人;中,8人;及格,4人
达成值	$D = \dfrac{C_1 + C_2 + \cdots + C_n}{n} \times 100 = 75.3$
课程目标达成结论	达成:$D \geqslant 70$;未达成:$D < 70$

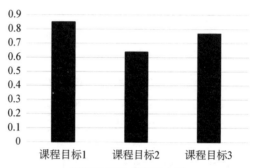

课程目标达成度直方图

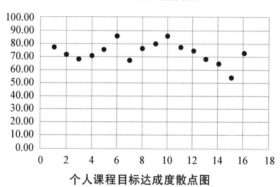

个人课程目标达成度散点图

表5　"热处理及智能化"课程目标达成度评价表

班级学生人数			16		样本数		16	
毕业要求达成情况								
					对应指标点评价			
指标点	毕业要求指标点内容	课程教学目标	评价依据	分值(A)	平均成绩(B)	分项评价值 $C_i = \Sigma^B / \Sigma^A$	评价值 $C = \Sigma(C_i *$ 权重$)$	
2.3	能运用基本原理,借助文献研究,分析过程的影响因素,获得有效结论	能正确说出固态相变原理、传热学及弹塑性力学在各类热处理工艺中的应用原理;熟练使用热处理过程定量计算的模型与算法,能够对一些典型热处理	期末考试 试题1、2 (100%)	40	28	0.7	0.7	

（续表）

指标点	毕业要求指标点内容	课程教学目标	评价依据	对应指标点评价			
				分值(A)	平均成绩(B)	分项评价值 $C_i=\Sigma^B/\Sigma^A$	评价值 $C=\Sigma(C_i*$ 权重$)$
1.3	能将相关知识和数学模型方法用于专业工程问题解决方案的比较与综合	工艺过程的工艺参数进行优化计算；准确说出各类热处理工艺的标准流程、处理规范及环保安全要求；清晰解释热处理工艺中常用测控设备的工作原理及技术要求 熟练运用热处理过程定量计算的模型与算法，能够对一些典型热处理工艺过程的工艺参数进行优化计算；准确说出各类热处理工艺的标准流程、处理规范及环保安全要求	期末考试(70%) 试题3	25	19.9	0.80	0.85
			平时成绩(30%) 作业、课堂讨论	50	48.0	0.96	
7.1	了解和理解材料工程实践中生产、设计、研究、开发、环境保护和可持续发展的相关理念和内涵。	准确说出典型零部件的热处理工艺流程及其工业应用	期末考试(100%) 试题4	35	15.6	0.45	0.45

样本信息　优,<u>0</u>人;良,<u>0</u>人;中,<u>4</u>人;及格,<u>9</u>人

达成值　$D=\dfrac{C_1+C_2+\cdots+C_n}{n}\times100=79$

课程目标达成结论　达成：$D\geq70$；未达成：$D<70$

课程目标达成度直方图

（续表）

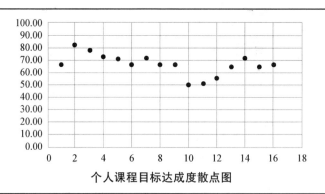

个人课程目标达成度散点图

表6　"功能金属材料"课程目标达成度评价表

班级学生人数			16	样本数			16	
毕业要求达成情况								
指标点	毕业要求指标点内容	课程教学目标	评价依据		对应指标点评价			
				分值（A）	平均成绩（B）	分项评价值 $C_i=\Sigma^B/\Sigma^A$	评价值 $C=\Sigma(C_i *$ 权重$)$	
2.3	能运用基本原理，借助文献研究，分析过程的影响因素，获得有效结论。	扩大学生视野。学生能熟练说出功能金属材料的类型、物理本质及其适用领域。理解某些典型功能材料的特殊功能现象及其产生机理；熟练运用各功能表征与测试方法	期末考试（60%）	试题一 1-4	34	26.1	0.77	0.82
				试题二 1-3	36	27.6		
			平时成绩（40%）	作业、课堂测试	40	36.2	0.91	
1.3	能将相关知识和数学模型方法用于专业工程问题解决方案的比较与综合	学生具备刻苦务实、精勤进取；发现、分析和解决问题的能力；批判性思考和创造性工作的能力	期末考试（60%）	试题一 5-6	18	13.8	0.71	0.79
			平时成绩（40%）	作业、课堂测试	40	36.2	0.91	
7.2	科学认识和评价材料科学与工程对社会、环境的影响的能力以及具备在实践中坚持环境保护与可持续发展的意识和行动。	学生能熟练说出金属功能材料与其他具有相同功能的非金属材料性能优势与局限性，各种功能金属材料研究现状及发展趋势	期末考试（60%）	试题二 1、2、4	36	28.0	0.80	0.84
			平时成绩（40%）	作业、课堂测试	40	36.2	0.91	

（续表）

样本信息	优,$\underline{3}$人;良,$\underline{9}$人;中,$\underline{4}$人;及格,$\underline{0}$人
达成值	$D = \dfrac{C_1 + C_2 + \cdots + C_n}{n} \times 100 = 82$
课程目标达成结论	达成:$D \geqslant 70$;未达成:$D < 70$

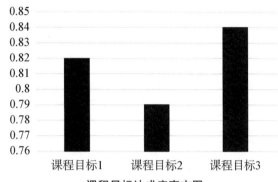

课程目标达成度直方图

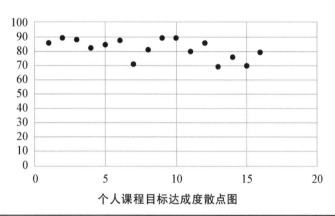

个人课程目标达成度散点图

对于课程教学质量的过程管理,除课程目标达成度这一量化指标外,还有责任教授听课、教学督导听课、期中组织学生代表面对面交流、教学研讨会等多层面、全方位的交流和监督。这对于提高教学质量、规范教学秩序具有积极促进作用。依据数据分析及课程达成度结果,结合每门课程的特点、教学内容及任课老师的教学风格,综合各方意见,针对每门课程都给出了进一步改进的意见和建议,具体如表7所示。这些改进意见是可行的,同时也是科学和客观的。

表7　问题分析及改进意见

课程名称	问题分析	改进意见
"金属材料强韧化与组织调控"	学生对于运用所学知识来分析解决实际问题的能力需要进一步提高,表明对所学知识理解不够透彻	建议调整课程教学风格,加入专门的习题课,调动学生学习的主动性,提高学生对知识的灵活掌握程度。

(续表)

课程名称	问题分析	改进意见
"热处理与智能化"	学生能够较为全面的掌握课程知识点,但短板也非常明显,对材料工程实践中生产设计,研发等的相关理念和内涵的理解不够透彻。	今后教学中应增加师生和生生之间的联系、讨论的机会,提高授课过程中示范举例的比率,突出关键知识点的应用,特别是涉及计算的内容
"功能金属材料"	学生对一些功能金属材料特殊功能及其结构间的联系掌握不够扎实	加强基础知识的教学及巩固,采用平时作业及课堂测试的方式进行巩固,课堂上多采用案例教学、组织学生观摩实验室等方式,尽量弥补学生实验及实践能力的不足

3.4　课程建设还需进一步加强国际化

当前所做的改革主要是针对中国工程教育质量认证的,我们还要为国际化的认证做准备,这其中包括课程是否采用英文教学、全英文课件/作业/考试、学生国际合作交流的能力和国际化视野的培养等。但目前国内工程质量认证的专家主要是国内的,这不利于中国工程质量认证与国际接轨。此外,目前的工程质量认证并没有充分考虑学生的未来发展空间。对于已通过工程质量认证的学校,可以为合格的应届大学毕业生颁发相关行业的工程师就业执照,以增强学生未来在行业内的竞争力,特别是可以为中国大学生走出国门进入到国际领先工程行业领域就业创造机会,这对于提高学校的声誉和影响力也具有积极的作用。

3.5　工程教育质量认证为课程建设提供了持续发展的动力

由于工程教育质量认证的指标会与时俱进,既不会脱离中国国情,又会逐步与国际接轨,这将对课程教学和学生的培养不断提出新的要求和目标,这种新要求势必推动课程建设更科学、更规范,同时对学科的发展具有积极引领作用,对其他工科的发展也具有积极示范作用。这一过程为课程的教学改革提供了可持续发展的动力和期望,使课程教学在螺旋式上升中达到质的飞跃。

4　结论

通过对三门主干课程一个学期的改革与研究,发现学生在课堂表现、课后作业及考试成绩等方面均有改善,培养的优秀学生比例增加,进而得出如下结论:

(1) 借助于工程质量教育认证,对金属材料模块的三门主干课程进行了一次系统梳理和集中整改,使各门课程的教学大纲、教学目标、教学方法、教学理念、教学评价等更科学和更规范。因所有改革都以学习效果为中心,所以课程目标的达成度越高,所培养的优秀学生比例越大。对于授课老师而言,所有教学活动都围绕教学目标来进行,教学效果明显改善。对于学生而言,明确意识到所有学习活动都不是为了凑学分,而是为未来发展进行知识储备和能力养成,端正了学习态度,学习的动力和主动性明显提高。

(2)通过工程质量教育认证,优化后的培养目标和课程目标更科学、可达成和可衡量,同时符合国家经济发展的需求、符合学校的人才培养理念、符合材料专业的未来发展需求。材料专业主要面向航空航天、汽车工业、国防、能源、化工、生物医药等领域,培养具有一定国际视野、团队合作与沟通能力、突出的实践能力和创新意识的适应社会经济发展需要的高素质复合型人才。

(3)通过以学习效果为中心的课程改革,进一步强化了学生在以下几个方面的知识、素质和能力:数理化基础扎实,专业基础知识结构完整、合理;工程实践能力、问题解决能力强,具有创新意识和能力;关注和了解本领域的最新科技进展;具有全球前沿视野和中国发展意识;具有较强的交流能力、合作精神以及领导能力;具有高尚的道德情操和社会责任感;具备人文修养和艺术修养;具备终身学习的能力与习惯。

参考文献

[1] 孙晓娟.专业认证视角下工程教育质量保障研究——以E大学为例[D].上海:华东理工大学,2016.
[2] 钱慧敏,李丛.工程教育专业认证视角下我国高等工程教育质量提升研究[J].实验室研究与探索,2015,34(231):166-168.
[3] 王勇,李剑峰,赵军,等.以开展专业认证为契机　大力提升工程教育质量[J].中国高等教育,2009,2:27-28.
[4] 廖明宏,童志祥.以专业认证促进教育质量的提高[J].计算机教育,2008,13:16-18.

Research of standardization and tractive action of engineering education quality certification on metallic material module curse

Wan Jianfeng

Abstract：With the help of engineering quality education certification，three main courses in the metallic material module courses are combed and revised intensively，making the teaching syllabus，teaching objective，teaching method，teaching spirit and teaching evaluation of each course more scientific and standardized. On the basis of statistical analysis，it was found that the greater the degree of achievement of each curse was，the greater the proportion of cultivating excellent students was，which further confirms the correct that it should take the students' learning effect as the teaching center. Further research found that the course objectives optimized according to the engineering quality education certification are more competitive，which kept in line with the needs of national economic development，the talent training concept of the school and the future

development needs of materials specialty. It also promoted the cultivation of students'
knowledge，quality and ability，and also promoted the international construction of the
module curses.

Key words：metallic material module course；engineering education quality certification；
course achievement；standardization

附录：十二条毕业要求及分指标点[①]

1　工程知识与国际前沿：能将数学自然科学、材料科学与工程基础理论知识、专业知识用于解决本专业的复杂工程问题，了解本专业的前沿现状和发展趋势。

1.1　具备解决材料科学复杂工程问题所需的数学、自然科学、专业基础理论知识、专业知识、实验技能。

1.2　能将这些知识用于解决复杂工程问题：包括能将数学、自然科学、工程科学的语言工具用于工程问题的表述；能针对具体的对象建立数学模型并求解；能够将相关知识和数学模型方法用于推演、分析专业工程问题。

1.3　能够将相关知识和数学模型方法用于专业工程问题解决方案的比较与综合。

1.4　了解本专业的研究前沿以及发展趋势。

2　问题分析：具有分析、解决材料科学与工程实际问题的能力，能够应用数学、自然科学和工程科学的基本原理，识别、表达，并通过文献研究正确分析复杂工程问题，以获得合理有效解决方案。

2.1　能运用相关科学原理，识别和判断复杂工程问题的关键环节并求解。

2.2　能基于相关科学原理和数学模型方法正确表达专业工程问题，并能认识到解决方案的多种可能性，并根据条件确定解决方案。

2.3　能运用基本原理，借助文献研究，分析过程的影响因素，获得有效结论。

3　设计/开发解决方案：具有解决材料科学与工程相关设计和开发问题的能力，能够在设计、开发环节体现创新意识，并遵从职业伦理、健康、安全、环境以及法律、文化等规范与要求。

3.1　掌握工程设计和产品开发全周期、全流程的基本设计/开发方法和技术，了解影响设计目标和技术方案的各种因素。

3.2　具备对材料工艺和设备进行优化、调整和改进的基本能力；能根据特定需求，完成设计。

3.3　能够进行系统设计，选择合理的研究方法设计新实验，发现或者研发新材料，体现创新意识。

3.4　能在设计中考虑健康、安全、法律、文化等制约因素。

4　研究：具备材料科学与工程相关实验与工程研究能力，能够基于材料科学基本原理设计、实施实验、分析、解释实验数据。

4.1　能够基于科学原理，通过文献研究或相关方法，调研和分析复杂工程问题的解决方案。

4.2　能够根据对象特征，选择研究路线，设计实验方案。

[①]　上海交通大学材料科学与工程学院资料。

4.3 能够根据实验方案构建实验系统,安全地开展实验,正确地采集实验数据。

4.4 能对实验结果进行分析和解释,并通过信息综合得到合理有效的结论。

5 使用现代工具:掌握材料领域相关模拟与计算工具的基本使用方法,能运用现代信息技术获取相关信息,对复杂工程和实践问题进行预测与模拟。

5.1 掌握本专业现代工程工具和现代信息技术工具的基本理论和基本方法,用于模拟复杂工程问题并求解。

5.2 选择使用制图、模拟软件等现代工程工具和现代信息技术工具,预测与模拟复杂工程问题。

5.3 开发或选用满足特定需求的仪器、制图、模拟软件等现代工具模拟预测复杂材料工程问题,评价模拟结果的正确性并指出其局限性。

6 工程与社会:能够基于工程相关背景知识进行合理分析,评价专业工程实践和复杂工程问题解决方案对社会、健康、安全、法律以及文化的影响,并理解应承担的责任。

6.1 了解专业相关领域的技术标准体系、知识产权、产业政策和法律法规,理解不同社会文化对工程活动的影响。

6.2 能分析和评价专业工程实践对社会、健康、安全、法律、文化的影响,以及这些制约因素对项目实施的影响,并理解应承担的责任。

7 环境、可持续发展:能够理解和评价与材料专业相关的生产、设计、研究、开发对环境、社会可持续发展的影响。

7.1 知晓和理解材料工程实践中生产、设计、研究、开发、环境保护和可持续发展的相关理念和内涵。

7.2 能够站在环境保护和可持续发展的角度评价材料科学与工程实践的可持续性,评价产品对环境的影响。

8 职业规范:具有良好的职业道德,强烈的社会责任感,以及人文社会科学素养,履行社会责任。

8.1 有正确价值观,理解个人与社会的关系,了解中国国情。

8.2 认同诚实公正、诚信守则的工程职业道德和规范,并能在工程实践中自觉遵守。

8.3 认同工程师对公众的安全、健康和福祉,以及环境保护的社会责任,能够在工程实践中自觉履行责任。

9 个人和团队:具有团队意识和合作精神,以及一定的组织管理能力、表达能力和人际交往能力。

9.1 能与其他学科的成员有效沟通,合作共事。

9.2 能够在团队中独立或合作开展工作。

9.3 能够组织、协调和指挥团队开展工作。

10 终身学习:具备终身学习的能力。

10.1 对终身学习有正确的哲学认识和职业意识。

10.2　掌握外语、计算机、文献检索等终身学习的能力,能够从学术报告中掌握专业前沿。

11　项目管理与学科交叉:具有多学科交叉的自然科学知识、机械电子基础知识及经济与管理知识,理解并掌握其方法,并能够应用。

11.1　掌握工程项目中涉及的管理与经济决策方法。

11.2　了解工程及产品的成本构成,理解其中的工程管理与经济决策问题。

11.3　能在多学科环境下(包括模拟环境),在设计开发解决方案的过程中,运用工程管理与经济决策方法。

12　沟通:具有较强的沟通、交流以及外语应用能力,具有开阔的国际化视野和跨文化交流能力。

12.1　能就专业问题,以口头、文稿、图表等方式,准确表达自己的观点,回应质疑,理解与业界同行和社会公众交流的差异性。

12.2　了解专业领域的国际发展趋势、研究热点,理解和尊重世界不同文化的差异性和多样性。

12.3　具备跨文化交流的语言和书面表达能力,能就专业问题,在跨文化背景下进行基本的沟通和交流。

基于 OBE 理念的"科学与艺术"课程设计与效果

肖　飞　　丁希凡　　金学军

摘　要： 以结果为导向或产出为导向的教育教学设计模式被称为 OBE 教育理念，该理念把学生放在教育设计的中心地位，始终围绕学习成果进行教育教学的设计和持续改进的依据是这种教育理念的核心所在。目前以该理念为指导的工程教育认证已成为我国工程教育改革创新的主流趋势。本文以"材料科学与艺术：材料科学与设计艺术"课程为例，分析基于 OBE 理念的课程改革创新的着力点，规划课程改革架构，提出专题研讨、案例分析和以赛促学相结合的教学设计模式，最终有效提高了学生分析问题、解决问题的能力，促进了学生批判性思维和创新思维的发展。

关键词： 产出导向；材料科学与工程；艺术设计；教学设计

1　引言

成果导向教育(outcome based education，OBE)是工程教育标准认证的关键理念，是一种以产出为导向或结果为导向的教育理念，它特别强调学生能力的培育及知识的内化在教育中的核心地位[1]。基于 OBE 理念，教师、教学管理人员、教学发展工作人员以及教学研究人员对教育过程进行了全新的构造和反向思考[2]。将对学生的教育从原先的书本驱动、教师驱动转变为学生学习结果驱动。为保证学生最终取得预期成果、获得预期能力，设计能够满足预期目标的教学课程方案[3]，改革顺应时代发展趋势、紧跟行业发展前沿的教学模式，创新性培养能力型、素质型、知识型人才，推动实现成果落地产出，为社会发展打造新型专业人才。我国近年来不断促进实践型应用型人才的培养，对高校人才的培养模式不断提出新的要求，而 OBE 的教育理念恰好能创新高校人才培养路径以及教育设计模式[4]，在各专业领域课程教育改革中得到广泛践行与实施。

作者简介： 肖飞，男，上海交通大学材料学院副教授，研究方向为智能金属材料，邮箱：xfei@sjtu.edu.cn；丁希凡，女，上海交通大学设计学院副教授，研究方向为艺术设计，邮箱：ccding@sjtu.edu.cn；金学军，男，上海交通大学生物医学工程学院长聘教授，研究方向为智能复合材料，邮箱：jin@sjtu.edu.cn。

基金项目： 国家自然科学基金优秀青年基金(项目编号：52022055)，国家自然科学基金重点基金(项目编号：52031005)，国家自然基金面上基金(项目编号：51871151)。

作为一门通识核心课,"材料科学与艺术:材料科学与设计艺术"是面向全体本科生,不存在年级高低和文理专业限制的工程科学与技术类课程。该课程以往的教学以传统教学模式为主,即主要通过课堂 PPT 讲解材料科学和艺术设计的知识点。这样的教学模式存在的问题主要有:①材料知识和艺术设计这两部分的授课内容相对独立,无法做到有机融合,学生在学习了材料知识点后无法将其应用于艺术设计中;②课程讲授内容以理论基础为主,缺乏相应的实践活动,相对枯燥,结果导致学生上课时注意力不集中,对材料有关知识的认识理解不透彻,进行艺术设计时基本属于天马行空,因违反材料本身特性进行设计,结果基本无法在现实中实现;③考核主要以书本知识为中心,机械性学习无法有效调动学生的积极性。

开设本课程的目的是希望通过课程的学习、练习与实践,使学生了解艺术与科学的关系,艺术要科学化,科学也要艺术化,做到科学与艺术的融合,全面开发学生的创新能力,实现逻辑思维和形象思维,理性与感性的全面统一。力图开发学生的潜能,使学生的创造性思维更加活跃,提升其综合素质和批判性思维能力。此外,希望在教学中,将科研与教学结合,以学生成长需求为重点,联合课堂内外的教学设计,推动学生人文素质和科学素质同步发展。提高学生对知识掌握的深度与广度,使学生具备学科交叉渗透、现代与传统、实践与理论相结合解决问题的能力。教学设计旨在既能满足通识教育的发展需求,又能强化学生创新能力和逻辑思维能力的培养。任何产品的设计最终都离不开材料的选择,因此,课程的内容涵盖了各类材料详细而系统的发展历程、特性、应用场景以及最新进展。旨在希望学生在充分掌握各类材料的基本特征后,通过材料的选择,充分发挥不同的材料特性进行产品艺术设计。课程的主要目标是让学生具备材料理论和艺术设计的基本知识,培养学生终身学习的能力和实践能力。

以课本为导向、以讲授式为主的传统教学模式已不能满足现实教学的需要,因此采用基于 OBE 理念的教学设计,以学生能力产出为导向,围绕学生能力培养进行教学设计,学生和教师都非常清楚地知道课程学习结束之后要达成的学习成果,并制定面向学生能力培养目标的考核机制。

"材料科学与艺术:材料科学与设计艺术"课程的开设以交叉学科为出发点,结合材料科学与设计科学的知识和技能,目标为培养能适应新时期国家发展需求的创新型人才,但教学效果一直不能让人满意。采用 OBE 教学理念,推动了科学合理课程设计和创新教学模式改革,提高了教学效果。

1.1　基于 OBE 理念的课程改革着力点

在以上分析的基础上,"材料科学与艺术:材料科学与设计艺术"课程的教学改革,在OBE 理念的基础上重点围绕三大问题进行:①充分考虑学生的背景差异。选修"材料科学与艺术:材料科学与设计艺术"课程的学生来自不同专业、不同年级。有的学生材料知识扎实,但设计知识缺乏。有的学生设计知识丰富,但材料知识不足。有的学生则两方面知识都不足。如何让先备知识存在巨大差异的所有学生都能在学习的过程中有收获,激发学习热情,达成学习目标? ②丰富课程设计的层次感。"材料科学与艺术:材料科学与设计艺术"课程之前采用的传统教学模式过于单一,对学生的吸引力不足,难以达成较高阶的课程目标。因此,需要丰富课程设计的层次感,加入项目式、案例式、研讨式等可以培养学生高阶思维能力的教学模式,通过教学的多样化设计增强课程的吸引力。③体现考核的个性化。以前的课程考核一般通过学生的考勤、课堂表现和测试等来进行综合评价,但未能对于学生的实践能力和应用能力进行考核,所以需要加强课程考核的个性化。采用个人和小组合作综合评价的方式,考核课程目标的达成情况,并进一步设计改革教学。

在 OBE 理念的基础上,从材料和艺术专业产业发展需求的角度出发,构建课程改革方向。在专业知识构成、专业素质技能方面夯实学生的材料专业基础、设计艺术素养,培养学生研究、创造、设计、加工、管理等方面的能力,增强学生的产业学习能力和实践产出能力。

2　基于 OBE 理念的课程教学设计

2.1　课程预期学习成果规划

"材料科学与艺术:材料科学与设计艺术"课程预期学习成果包括让学生实现材料科学工程和设计艺术的理论知识熟练掌握并融会贯通;培养学生发现问题、提出问题、解决问题的能力;增强学生的语言表达能力、逻辑思维能力、团队合作能力和学科交叉应用能力。

教学目标的具体要求:①材料科学方面,通过对柔性材料、石墨烯、仿生材料、纳米材料、3D 打印材料、复合材料、量子点材料、人工晶体、自修复材料、形状记忆材料、磁(流)材料、液态金属等多种类型材料的初步了解,进行材料与设计艺术的创意设计;②在设计艺术方面,设计作品需强调材料与设计的相关特性,用于解决材料科学、技术和美学要求的创造联系,设计作品兼具创造性、实用可行性和美感。

2.2　课程实际教学过程

基于 OBE 理念要求课程实际教学过程中,要基于教学预期成果进行反向设计。"材料科学与艺术:材料科学与设计艺术"课程进行教学改革后的教学时间安排:第 1～4 周进行课程介绍及导论阐释;第 5 周进行新材料介绍及演示;第 6～8 周带领学生参观学生创新中心及分组实践;第 9～10 周进行学生作品点评(PPT 或实物);第 11 周完成最终考核。

整个课程的具体设计安排:①教师每次课前组织学生充分预习。将"教师单向灌输"改变为"学生自主需求",每次上课都会按照预期学习成果提前向学生推荐参考文献、全媒体资源,并随时跟踪学生预习后的意见和感受,进而及时调整课程的组织设计。②学生在课堂上通过团队合作开展问题研讨。充分运用全媒体资源和学校的设备平台,课堂上让学生以小组的方式,对小组项目中的问题进行研讨,一方面帮助学生梳理思路,推进项目进度。另一方面给学生创造更多合作解决问题的时间,培养团队合作能力。③课程后期开展小组大作业并提供反馈。课程后期以小组大作业的形式促进学生学科交叉和团队合作能力的提升。大作业可以从不同专业切入(如设计要素、材料特性、结构设计等),以满足不同专业背景学生的个性化发展需求。也可以借助各类比赛(如"上海交通大学李政道图书馆科学与艺术作品大赛""上海交通大学钱学森杯""唯材杯"等)达到以赛促学、以赛促练的目的。在这个过程中,教师扮演着提供相关技术咨询和理论补充的角色。

对学生实践大作业的要求有3个方面:①为保证设计作品充分体现材料科学与设计艺术的交叉与融合,要求作品一般通过2～3人团队共同完成(递交1～2件设计作品)。在团员选择上,将文科生与理工科生搭配组合,保证设计过程中的文理交叉融合。②在作品呈现方面,设计作品要求绘制详细的产品设计图并以3D的视觉效果呈现。③在设计作品方面,要提交设计效果图、设计尺寸结构图及设计过程说明(如设计目的、用途、设计方案、该选材带来的优势、设计方案的可行性等)。作品以原图或动画提交,并以PPT形式汇报。鼓励同学们将产品设计图转化为实物;涉及的功能材料及加工手段,比如3D打印、激光切割等,由教学团队提供条件或帮助联系。

2.3　课程学习成果的考核机制

整个课程的考核构成主要包括考勤(10%)、课堂参与(10%)、前期选题答辩(20%)、最终作业设计报告(50%)以及团队合作和项目开展(10%)。这里的课堂参与包括设备体验、课堂问题回答和讨论等。将选题答辩作为考核的一部分,是因为学生根据所学知识确定大作业的题目,体现了学生对于课程内容的掌握程度以及对问题的深入思考程度。为体现课程考核的全面性和综合性,将学生在开展作业设计中所表现的项目推进能力和合作能力也纳入了考核范畴。

对于占比最重的大作业设计报告则从设计背景、设计原理、设计功能及作用、设计可行性、设计可能存在问题及解决方式、设计呈现(图、表的表达规范以及报告用词、呈现风格)等方面进行综合评价考核。

3　基于OBE理念的教学设计效果突出

3.1　学生的大作业作品创意无限

在学生完成大作业的过程中,教师组织学生以组为单位开展知识预习、研究讨论和团队合作。特别是通过头脑风暴、问题解决等方式进行研讨[7][8][9]产生了很多有创意的想法和作品。这种通过组内合作交流,教师进行问题解答的方式,能有效促进学生的深度学习[5][6]。

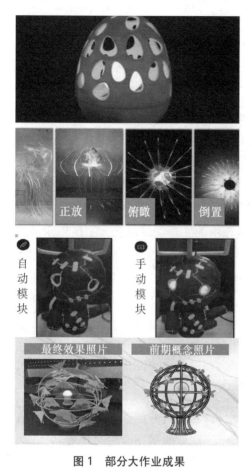

图1　部分大作业成果

2021年春季学期，"材料科学与艺术：材料科学与设计艺术"课程中的学生根据专业背景共分为9个小组，针对9个专题开展研究设计。选题包括：蒲公英灯、花开动态水杯、水母灯、梦幻小孩、光蛋、电动遮阳幕布等（见图1）。学生就设计理念、材料组成、加工设计、效果展现和改进思考开展团队合作，最后设计出了很多有创意的作品。

其中，电动遮阳幕布由4位同学共同完成，他们来自工业设计学院、机械学院以及材料学院。该作品的思路来源于要解决图书馆内无自动遮阳装置的问题，其设计图纸由工业设计学院的学生完成（见图a），作品底部的联动装置用滑动齿轮带动，由机械学院学生设计完成（见图c），整套的电路驱动系统由全体团队成员共同完成，相关装配在学校的学生创新中心完成。该设计既结合了结构简单、美观大方的工业艺术设计知识，也结合了各学科的专业知识，包括材料科学（遮阳薄膜采用高分子变色薄膜，具有感光变色的效应）、机械科学（齿轮咬合联动装置的设计）、电子科学（电路系统设计）的知识。

在没有根据专业背景进行分组之前，学生更喜欢与同一个学院或同一个专业相互认识的同学组队，无法实现文理交叉、材料与设计的有效融合，导致所设计的作品经常存在各种缺陷和弊端。如这个电动遮阳幕布作品，前期的团队因全部是设计学院的学生，只能从结构设计入手，缺乏功能性的整合。其遮阳材料选用铝箔材料，但铝材聚热性较高，且反光性强

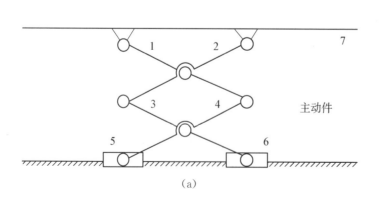

（a）

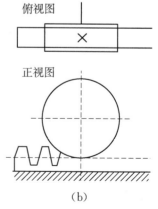

（b）

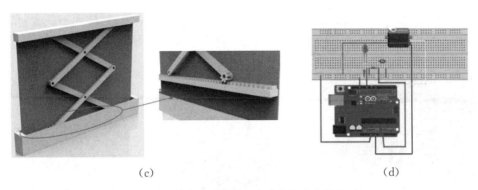

图2 学生团队作品：电动遮阳幕布设计
(a)设计图纸；(b)平面图；(c)电动遮阳幕布的底部的联动装置；(d)电路驱动系统

容易干扰他人，根本不适合在图书馆使用。而后期的异质团队则创造性地解决了所有问题。可见，学科交叉和团队合作是实现创新的重要手段。

3.2 合理利用案例分析，激发学生的创新活力

案例分析[10][11][12]是一种以问题为核心的教学模式。在"材料科学与艺术：材料科学与设计艺术"课程教学过程中，教师经常围绕教学目标设计各种待解决问题，引导学生以自己的专业为切入点开展分析研究，这个过程不仅增强了学生的信息检索和文献调研兴趣，而且激发了学生的创新活力，培养了学生的逻辑思维，提高了学生的实践能力。

以朋克靴的设计为例，设计专业学生充分发挥自己设计优势，结合记忆金属性能并利用其突出、夸张的特性与蒸汽朋克风结合，在突出处增加齿轮装饰，同时采用"直接法""侧面包围法""底部束紧法"进行设计，使产品兼顾时尚与高科技性能（见图3）。同时，材料学院的学生则将鞋子的表面进行了防水防污涂层处理；该涂层是材料科学中借鉴荷叶"出淤泥而不染"的疏水特性开发的，其机理在于荷叶表面密排了大量微米-纳米级别的乳突，从而实现自清洁的功效。

图3 兼顾时尚与高科技的朋克靴

3.3 以赛促学的方式有效提高了学生的问题解决能力

以赛促学模式[13][14][15]，主要是以各类比赛为基石，通过鼓励和指导学生参加各类比赛以提高学生的专业水平，增强学生的学习积极性和主动性。与此同时教师的教学能力在指导学生比赛的过程中也得到了强化和提升。这一模式能自然而然地驱动学生将课堂所学融会贯通，锻炼其心理素质，提升其分析问题和解决问题的能力。

"材料科学与艺术：材料科学与设计艺术"课程密切关注各类有关科艺发展方面的比赛，推荐并指导学生参赛。例如曾指导学生参加"李政道科学与艺术作品大赛"并获得三等

奖。该获奖作品名称为"Möbius"，主要是依托 Möbius-宇宙理论模型，使用不同素材以模糊幻影的手法表现了虫洞造成的超时空科技感（见图4）。

图4　"李政道科学与艺术作品大　　　图5　"唯材杯"获奖作品"新型形状记忆合金热电转化
　　　赛"获奖作品"Möbius"　　　　　　　　装置"

　　另一个参赛作品"新型形状记忆合金热电转化装置"，获得"唯材杯"一等奖。该作品是一个结合形状记忆合金这种特殊材料，将废热转化为电力的能量回收装置，主要用于工厂、地热温泉等地点。该装置通过滑轮、记忆合金丝、电机马达、LED灯、电路设计等一系列跨学科设计组合，最终实现了作品的小体积、高能效、展示性高的性能（见图5）。该作品的设计涵盖了材料科学、力学、电路、艺术设计等学科的知识。

4　结语

　　大数据时代，信息技术的快速更新迭代给教师的教学内容、教育技术能力提出了更高要求，所以教师的教学理念也需不断适应学生和时代的变化。通过丰富的教学设计，使学生在课堂上进行多学科（材料科学、艺术工业设计、机械电子等）的交叉融合，使学生的学习不再局限于书本知识的死记硬背，而是充分接触各类材料（金属、非金属、高分子、电磁感应材料等），了解各类材料的特性，并有效利用这些材料进行相关艺术产品的设计，这一过程充分调动了学生的创新思维能力，最终达到了"学以致用"的目的。作为高校教师，肩负着为国家育人、为社会育才的使命，需要不断探索教育教学的创新路径，科学设计课程，合理规划教学模式，掌握各种线上线下智慧教学的技术和手段，以学生的学习效果为中心，不断提高教学素养。打造学校、教师、学生命运共同体，构建覆盖教学要点、教学任务、教学设计、教学考核等流程的全周期综合发展教学生态链，最终提高教育质量，培养具备国际竞争力的创新型人才。

参考文献

［1］黎一强,林彩梅.用 OBE 理念引领专业人才培养质量保证体系建设[J].大学教育,2021(5)：160 -
162.

［2］AKASH RAJAK, AJAY KUMAR SHRIVASTAVA, ARUN KUMAR TRIPATHI. A comparative
study based on OBE for different batches of MCA students [J]. International Journal of Continuing
Engineering Education and Life Long Learning，2020,30(3)：350 - 362.

［3］姜波.OBE：以结果为基础的教育[J].外国教育研究,2003(3)：35 - 37.

［4］张男星.以 OBE 理念推进高校专业教育质量提升[J].大学教育科学,2019,{4}(2)：11 - 13.

［5］石小亮,陈珂,何丹,等.以问题为导向的研讨式教学模式[J].教书育人(高教论坛),2020(36)：94 -
96.

［6］王麟阁.应用型本科高校基于 PBL 和 OBE 理念融合的"面向对象程序设计"金课建设研究[J].中国
信息技术教育,2021,4(12)：98 - 101.

［7］史瑞娣,徐立新.工程实践课应以问题为导向[J].江苏教育,2021,4(43)：79 - 80.

［8］霍楷,罗雯.中国高校 PBL 教育改革问题及对策研究[J].艺术与设计(理论),2021,2(1)：139 - 141.

［9］欧阳明,张英.教学设计研究：以问题为导向的科学方法论视角[J].现代教育技术,2013,23(11)：35 -
40.

［10］陈林杰,赵宁雨,陈彬科.以案例式教学提升教学质量[J].当代教育理论与实践,2016,8(1)：68 - 69.

［11］郭艳华,董月成,牛京喆,等.材料科学基础课程中案例式教学的探索与应用[J].教育教学论坛,2020,
4(51)：310 - 312.

［12］余金山,刘东青,李良军,等.面向应用的"材料分析测试"课程案例式教学改革[J].高等教育研究学
报,2020,43(3)：104 - 107＋111.

［13］陈小波.以赛促学——一种高效率的技能教学新模式[J].教育与职业,2007(09)：68 - 69.

［14］马新玲.基于科教融合、以赛促学的精益化人才培养探索与实践[J].力学与实践,2021,43(3)：463 -
467.

［15］王毅,张沪寅.以赛促学实践教学体系下的穿透式案例设计[J].计算机教育,2021,{4}(6)：36 - 41.

Discussion on curriculum design of "Science and Art" based on OBE concept

Fei Xiao，Xifan Ding，Xuejun Jin

Abstract：An output oriented learning and education mode is called OBE education
concept. It is the core of this education concept to put students in the central position of
education design and take teaching results as education orientation. It has become a
mainstream trend of education reform and innovation to continuously improve in the
process of education. Taking the course of "Science and Art：Materials Science and
Design Art" as an example，this paper analyzes the focus of reform and innovation based
on the OBE concept，plans the curriculum architecture design based on the OBE concept，
and puts forward three modes of discussion，case analysis and competition to promote
learning.

Key words：Output orientation；Materials science and engineering；Instructional design

以写促思教学法：构建学术情景以提升研究生课程学习效果

张文甲

摘 要：导师负责制下的研究生教育形式导致研究生的工作和生活重心转向具体的研究课题和研究团队。因此，研究生在具体的课程教学过程中往往学习动力不足、投入时间不够、学习兴趣不高，进而导致课程学习效果较差，难以达成预期的课程教学目标。依托于"集成光电子与光互连"专业基础课的教学，提出"以写促思"的教学方法，通过会议论文、会议报告、研究论文和同行评议等写作任务设计构建虚拟的学术情景，给学生提供各种锻炼和参与的机会。结果发现，研究生专业课的学习效果和学术评价能力都得到了显著提高。

关键词：以写促学；以写促思；研究生教学；情景式教学

1 问题提出

研究生教育的组织形式与本科教育存在巨大的差异，课堂教学的目的应从知识构建转向创新实践能力的培养，最终达到体验学术与促进科研的目标。本科与研究生课堂教学结构性差异的根本原因是教学目标和评价标准的变化[1]。在教学目标方面，本科教学宏观层面的目标是"素质教育"，即思想道德、责任感以及专业能力的培养；微观层面的目标是专业知识教育，培养某专业领域的专门人才[2]。而研究生教学主要目标是培养学生的创新精神和创新方法，使学生具备自主学习、终身学习与独立研究能力[3]。在评价标准方面，本科生学习效果的主要评价方式是学习成绩，因此学习成绩是学生工作、直升或出国深造的主要评价依据[4]。而研究生的学习效果主要体现于其在学习、研究和工作方面自主创新能力的提高[5]。研究生阶段的课程成绩不再是培养效果的主要评价指标。研究生与本科课堂教学差异的系统根源是两个教育阶段组织形式的差异。与本科生相比，研究生需要在导师的指导下承担研究任务，深入学习研究课题的背景知识，提出创新的研究想法，解决课题中的理论和实践问题。在导师负责制下的教育组织形式构建了区别于课堂教学的新型师生维度。而导师的教育过程全流程管理模式以及频繁的学术生活交流强化了"导师—学生"组织关系。

作者简介：张文甲，男，上海交通大学电子信息与电气工程学院副教授，博士，主要研究方向：光子计算，邮箱：wenjia.zhang@sjtu.edu.cn。

相反,研究生课堂教学中"任课老师—学生"的关系就会进一步弱化。站在研究生角度看,是否能具备创新能力、提出新颖想法、解决困难问题、发表优秀成果、找到好工作是评价研究生优秀与否的重要指标。因此,研究生客观上需要围绕"课题"和"导师"两方面来分配时间与精力,这也造成了研究生课堂教学的现实情况:研究生课程学习动力不足,时间投入不够,与自己科研题目无关的知识内容兴趣不高,从而导致课程学习效果较差,无法达成课程教学目标。

创新能力是研究生阶段需要重点培养的核心能力。创新能力包括学习能力、知识基础、思维能力和实践能力[6]。针对项目和课题相关的具体学术问题,知识、思维和实践的创新都需要一个互相启发、相互合作的学术场景。在日常科研创新训练中,研究生的主要工作包括调研、评价、实验、写作与宣讲等。写作作为一种思维过程的语言外化过程是学术成果总结与交流的重要手段,已经融入论文发表、会议宣讲和同行评议等各种学术场景之中。写作的本质是思维过程通过语言落于纸上,同时写作的过程又能完成初始思考的重新整理与逻辑输出。语言本身是人类思考的工具,而写作过程中对于语言的内容和逻辑组织体现了学习者学习与思考过程的真实体验。由于写作过程不同于即兴演讲,拓宽了时间上的维度,所以写作可以锻炼更加成熟的思维逻辑。因此,写作不但可以深化科学概念的吸收和理解,而且可以提高学术品位,是创新能力的重要基础。

"写作"作为一种教学方法早在20世纪70年代已有广泛讨论。以写促学的项目在近年来得到跨学科的认可,已经成为多学科教学改革的一种重要手段。以写促学和以续促学的方法应用最广泛的领域是第二语言的学习[7][8],主要强调"写"在第二语言学习中的现实意义。从语言习得机制出发,"写"可以掌握语言运用的规律,而"续"的写作是承接他人的表述,阐述自己的思想,真正掌握语言的"魂"。但是,以写促学不局限于单一学科,而是具有普适性。目前,以写促学的教学方法已广泛应用于艺术[9]、商业[10]、社会科学[11]、科学技术工程和数学教育(STEM)[12],以及医学教育中[13]。特别是在工程科研领域,除了用"写"帮助学生掌握知识和深入思考之外,密歇根大学一位教授还提出了"同行评议"写作的教学方法。此方法模拟学术论文同行评议的过程,对于帮助学生进行知识梳理具有重要意义[14]。可见,写作任务可以是知识描述和思维创新,也可以是同行评议和汇报交流。写作过程可以连接"写""学"到"思",创建丰富多彩的学术情景,从而达到启发思维,培养批判精神的目的。

基于上述分析,为了解决研究生课堂教学中学习效果较差的问题,结合"集成光电子与光互连"课程知识点集中、专业性强等特点,本文提出以"以写促思"的研究生课堂教学方法,以"写作"为手段,以"思维锻炼"为目标,设计"研究提案""同行评议""课程论文"等写作任务,构建会议论文写作、同行评议回复、会议口头报告和期刊论文写作等典型学术场景,帮助研究生尽快适应科研生活,促进专业知识的学习、归纳与内化,提高学生学术批判能力。

2 "以写促思"的情景教学设计

2.1 教学设计

"集成光电子与光互连"课程主要介绍集成光电互连芯片和系统的相关理论基础及应用。课程内容包括与光互连系统相关的物理作用机理、关键器件知识、信号处理方法等。课程的特色包括整体介绍集成光互连技术相关的材料、工艺、器件和系统,密切结合集成光互连的基本理论与工业应用。"以写促思"教学法需要结合课程专业特点,写作话题围绕基础教学内容,语言的组织更强调逻辑性,需要揭示内容之间复杂关系、判断未来发展趋势等。

"以写促思"的教学理念需要理清"为什么写"和"写什么"的问题。首先,"以写促思"区别于以"课程论文"考核的传统方式,写作任务完成度不仅要看写作结果的呈现,更重要的是要看思维过程的展现。总而言之,写作的初心是言之有物,写出自己的观点。其次,写作内容可以多元化,包括基于教学内容的话题研究,同行评议中评价写作和宣讲报告写作等。最后,写作任务主要包括话题写作和评价写作两类。

在话题写作方面,根据课程教学内容,需要提炼出物理机理、关键器件和处理方法等三个方面的内容支架作为课程研究的主要话题,每个话题涉及光互连系统中的关键指标,如速率、功耗、体积、智能程度等等(见图1)。7个话题设计涵盖了课程的主要内容以及关键指标,各课程小组(2~3人)针对给定话题和具体目标进行文献调研或者仿真实验,主要目的是帮助学生理解光互连系统关键器件的基本原理、设计方法和应用场景的多样性。内容话题的写作分为两个步骤:第一步骤的时间为开学后一个月,完成选题的研究提案,研究提案写作任务模拟短篇幅摘要写作(2页以内),重点列出研究背景、关键技术以及拟深入研究的重点方向与理由,并且进行口头报告宣讲与讨论;第二步骤的时间为课程结束后数周,完成选题的研究报告,研究报告模拟期刊写作,重点阐述研究课题的背景和方向以及自己的观点与仿真实验等,突出话题写作的完整性和个性化。课程论文写作要求分别针对内容知识和

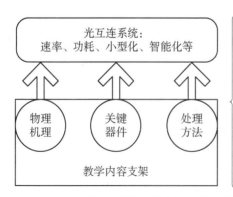

图1 "集成光电子与光互连"教学内容支架与话题设计

整体思维两个层次,分为 5 个方面:内容的科学性质量;课程论文的结构完整性;语言质量;论文逻辑;独创性(包括数值分析、仿真与实验)。在内容知识方面,需要学生做到语言质量高、内容科学和结构完整;在整体思维上,需要学生做到行文有逻辑和内容有创新。

在评价写作方面,我们将评价写作分为过程评价和结果评价。其中过程评价属于诊断性和形成性评价,主要目的是对已有材料提出改进型建议;结果评价则是总结性和判断性评价,主要目的是判断已有材料目标方向的正确性。针对调研材料的评价是实现知识判断与重构的过程,是重要的思维体验,同时也是创新的基础。同行评议是指由从事该领域或接近该领域的专家来评定一项研究工作的学术水平或重要性的一种方法[15]。由此可见,同行评议写作同时包括了过程评价与结果评价的特点。开展评价写作的训练对于研究生研究方向的理性判断和未来专家工作的顺利开展有非常重要的意义。首先,阅读在统一知识框架下的论文内容有利于专业知识的构建;其次,评议论文有助于批判性思维的锻炼,通过评判别人的论文来反思自己论文的组织与逻辑的合理性,从而找到差距。因此,评价写作是"以写促思"的重要环节。针对"研究提案"和"现场宣讲"进行全面的同行评议,每位学生将会收到3 份其他组的论文,进行打分与评价写作。

在学术情景的设计方面,围绕"以写促思"的教学理念,以写为纽带设计学术情景,让学生在课堂中扮演科研工作者所需经历的学术活动和角色。在科研领域,研究生阶段会遇到 3个典型学术场景:①会议论文撰写,一般为 2~3 页摘要性报告;②口头会议报告,在国际会议上进行论文宣讲;③期刊论文撰写,一般为同行评议的论文发表过程。因此,作为研究者角色,学生通过调研和学习相关专业知识撰写的摘要报告、会议报告文稿和期刊论文,参与正式的学术交流;作为专家角色,学生又需要进行同行评议对同学的摘要论文和口头报告进行过程和结果评价,撰写评价性文字进行反馈。基于重要学术场景模拟,设计教学过程的实践任务具体包括:模拟会议论文撰写"研究提案";模拟论文评议过程进行"同行评议";模拟期刊论文撰写"课程论文"。以写为基础的课程任务与学术情景的结合有助于学生熟悉科研工作重要环节,而角色转变锻炼了学生在科研领域从多角度观察科研生态和研究课题。

2.2　研究工具

(1)自编学习效果评价问卷调查表。问卷设计基于基本要素分析理论[16],即任何一种行为表现,都会有一系列基本要素,这些要素构成了知识、技能或行为表现的基本单元。在背景调查方面,包括知识背景调查(通信,半导体和光电子),课堂组织形式(师生互动,前沿技术和基础知识),写作习惯(知乎论文、科研论文、文艺作品)。在学习效果达成方面,包括"以写促思"是否有助于专业知识学习,对于同伴的小组论文评价和报告评价过程是否有助于本课程知识学习,对别人论文和报告提出的意见个数,对论文审阅过程中关于论文细节问题提出哪些问题(语言问题、逻辑问题、研究方法问题、技术细节问题和格式问题),在论文评审过程中对论文结论会提出哪些问题(观点问题,论文组织,抄袭问题,课题意义和发展前景),学术情景设计和专业问题评价能力是否提高等。

（2）评价文本分析。在评价文本中,评价形式主要包括表扬、建议、总结和确认[14]。其中,表扬是赞赏性评价;建议是修改建议;总结是对其文中的主旨思想做归纳;确认是对研究内容的表述正确与否进行确认。例如,在修改建议中,包括对于文字表述的修改建议,也包括对论文结论的修改建议。这4个方面由助教协助进行文本分析和记录。

3 "以写促思"教学效果分析

分别在2019年和2020年两年开展"以写促思教学法"的教学实践,两年参与"集成光电子与光互连"课程的学生人数为118人,其中,博士生占比25%,本科生占比1%,硕士生占74%。2020年学生背景知识调查显示(见图2),参加本课程学习的大部分同学没有通信、半导体和光电子方面的背景知识,但多数同学在研究生阶段又将从事光学相关课题的研究。此外,学生专业背景跨度较大,研究方向基本覆盖本课程的全部内容。学生均从第一节课开始知晓"以写促思"课程教学设计安排。

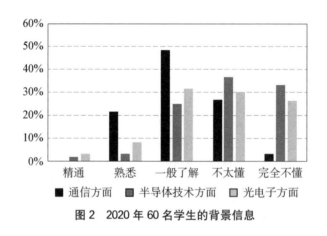

图2　2020年60名学生的背景信息

学生问卷调查的重点包括:①"以写促思"整体课程设计是否有助于专业知识的掌握;②"学术情景"设计是否有助于研究生阶段的科研工作。在评价写作方面,问卷特别列出了一些关键要素,包括过程/结果评价个数、过程评价种类、结果评价种类等。"以写促思"整体设计效果在2019年、2020年分别得到100%和94%的认可(见图3)。这说明"写-学-思"这一全新的学习体验,有效提高了学生对专业知识的掌握程度。话题写作通过提供个性化空间,帮助学生结合研究课题进行写作,调动了他们的学习积极性。

针对评价写作的调查结果发现,结果评价所包含的方面有发展前景、课题意义、抄袭问题、观点问题、论文组织等,其中,有63.52%左右的学生会针对论文组织进行评论,超过50%的学生会对课题意义和观点问题进行评论,这是批判性思维的重要组成部分。对于过程评价所包含的方面有技术细节、研究方法、逻辑、语言和格式等问题,其中,有65.98%和73.52%的学生会重点关注语言和逻辑问题,原因是论文写作使用的语言是英语,使用第二

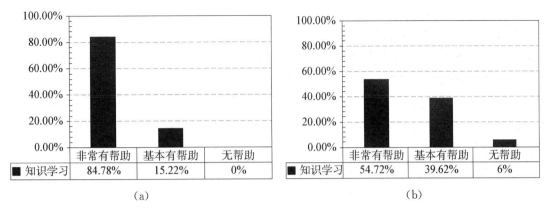

图3　"以写促思"教学设计是否有助于本课程的专业知识学习
(a) 2019 年数据；(b) 2020 年数据

语言进行写作,比较容易出现各种写作上的错误。此外,科技论文特别强调内在逻辑,因此,逻辑问题也是同伴提出建议的主要方面(见图4)。

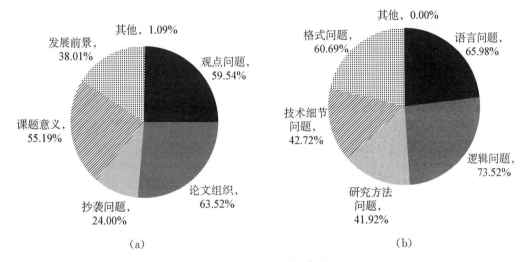

图4　评价写作的调查结果
(a)结果评价的结果；(b)过程评价的结果

通过对学生提交的评价文本进行人工统计(见图5),评价内容的数量由高到低依次为建议、表扬、总结和确认。针对关键知识点的确认(15%)和总结(23%)有助于巩固课程专业知识点学习。而针对问题内容提出的合理建议(33%)和针对优秀内容提出的表扬(29%),都可以反过来对照自己的论文,从而提高其对知识的掌握、研究方向的判断。

此外,本课程引入专题讨论、研讨会和论文互评等学术情景,是否有助于提高"集成光电子与光互连"领域内的专业问题评价能力(见图6)。超过80%的同学认为,通过多种形式的学术情景模拟,有助于提升其对专业问题的理解深度,提高对同伴观点和论文的评价能力。无论在撰写论文的过程中对已有文献的评价,还是对同伴论文的评价,都需要利用专业知

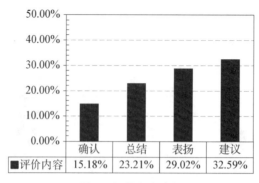

图 5　评价文本分析

识,对其优劣、对错进行描述。在这一过程中,如果学生缺乏相关知识,他们会在短时间内快速搜索学习补齐短板以完成任务,所以,此评价任务为导向的教学设计,在提高学生评价能力和使其体验学术过程的同时,达成了学生学习专业知识的目的。

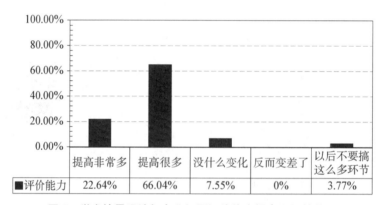

图 6　学术情景设计与专业问题评价能力提高之间的关系

4　研究结论与反思

　　为了提高研究生课堂教学中的学习效果,本文采用"以写促思"的教学方法,通过设计研究提案和课程论文等话题写作和基于同行评议方式的评价写作等任务,模拟会议论文写作、同行评议、口头报告和期刊论文写作等典型学术场景,帮助学生体验一些学术研究的关键过程。发现"以写促思"有助于提高学生对课程知识点的学习效果,促进其学术评价能力的提高。但教师在运用"以写促思"教学法设计教学过程时应该注意:

　　(1)教师对于教学内容支架与写作内容的关联设计非常关键。写作话题不可能完全覆盖教学内容,但合理的话题设计可以引导学生从写作话题中学习其中蕴含的专业知识,发现前沿领域存在的问题和产业界的重要瓶颈,鼓励学生以"研究者"的角色去思考解决方案。

　　(2)教师需适时介入论文和评价写作的引导。针对论文和评价写作,教师不仅要收集各个话题的优秀论文作为参考文献，更需要在格式要求、评价方式、内容完整性和准确性等方面进行指导，以保证学生在完成写作和评价任务时掌握规范的写作方法。

（3）写作话题与课堂教学需有机融合。对于学生而言，在专业课程中的话题相对比较陌生。这种陌生感源于背景知识、研究工具和研究方法的缺失。因此，需要将话题融入课堂教学中，帮助学生熟悉相关知识的内在逻辑和研究所需的工具、方法等，使其在课后能自主完成写作任务。

（4）以小组形式完成的主题报告需合理分工。小组合作的方式可以营造相互讨论和启发的氛围。但小组形式的主题报告需要体现每个组员的贡献，这特别需要发挥组长的作用。因此，在主题报告的评分机制上，需要设置教师打分、同行打分和组长打分比重，这可以有效提高主题报告的质量和体现每个组员的贡献度，最终达成提高学习效果的目的。

（5）利用信息技术展示优秀论文和评价，通过范文来引导学生进行规范的写作和评价。及时公开论文和评价写作不仅有助于学生对于相关主题的学习，更重要的是能够以优秀论文为典范，提高"以写促思"教学法的实施效率和效果。

参考文献

[1] 罗尧成. 我国研究生教育课程体系研究[D]. 华东师范大学,2005.

[2] 陈新民. 应用型本科的课程改革：培养目标、课程体系与教学方法[J]. 中国大学教学,2011(7)：27 - 30.

[3] 陈景文,刘洁. 研究生课程的"研讨式"教学方式[J]. 高等教育研究学报,2008(1)：55 - 57.

[4] 凌晓明,王娟娟,蒋研川. 基于大学生合作学习视角下本科教育质量研究[J]. 现代大学教育,2011(1)：64 - 68.

[5] 王衡生. 论创新教育与高校研究生创新能力培养——英国大学研究生培养模式的启示[J]. 高教探索,2003(1)：34 - 37.

[6] 赵磊. 新时代大学生创新能力评价指标体系研究[J]. 河南科技学院学报,2018,38(8)：17 - 20.

[7] 王初明,牛瑞英,郑小湘. 以写促学——一项英语写作教学改革的试验[J]. 外语教学与研究,2000(3)：207 - 212＋240.

[8] 王初明. 从"以写促学"到"以续促学"[J]. 外语教学与研究,2017,49(4)：547 - 556＋639 - 640.

[9] HAMILTON W T, GILBERT K. Using Student Ethnography to Teach Sociology of Religion [J]. Teaching Theology and Religion, 2005,8(4)：239 - 44.

[10] HARTER L M, QUINLAN M M. Storying Selves in Conventional and Creative Resumes [J]. Communication Teacher, 2008,22(3)：76 - 9.

[11] RUSCHE S N, JASON K. "You Have to Absorb Yourself in It"：Using Inquiry and Reflection to Promote Student Learning and Self-knowledge [J]. Teaching Sociology, 2011,39(4)：338 - 53.

[12] CHAMELY-WIIK D M, HAKY J E, GALIN J R. From Bhopal to Cold Fusion：A Case-Study Approach to Writing Assignments in Honors General Chemistry [J]. Journal of Chemical Education, 2012,89(4)：502 - 8.

[13] MANIAN F A, HSU F. Writing to learn on the wards：scholarly blog posts by medical students and housestaff at a teaching hospital [J]. Medical Education Online, 2019,24(1)：1565044.

[14] FINKENSTAEDT-QUINN S A, SNYDER-WHITE E P, CONNOR M C, et al. Characterizing Peer Review Comments and Revision from a Writing-to-Learn Assignment Focused on Lewis Structures

　　　　[J]. Journal of Chemical Education，2019，96(2)：227 - 37.

[15]　王凭慧. 科学研究项目评估方法综述[J]. 科研管理，1999(3)：19 - 25.

[16]　文庆城，许应华. PTA 量表法评价化学猜想与假设能力探讨[J]. 教学与管理，2005(6)：39 - 40.

Writing to Thinking (W2T)：Academic Situational Teaching Approach for Class of Graduate Students to Improve Learning Efficiency

Wenjia Zhang

Abstract：The organizational form of graduate education under professional supervisors has brought a side effect that graduate students would like to focus their work and life on their research topics and research teams. Therefore，in the class of graduate students，the learning efficiency is usually low due to the lack of motivation，devoted time，and learning interest. Based on the teaching practice of "Integrated Optoelectronics and Optical Interconnects"，this paper proposes a situational teaching approach of "writing to thinking（W2T）". In this teaching process，we construct virtual academic scenarios through writing tasks such as attending international conference，submitting journal papers，and peer reviews. The research results show that situational teaching approach of W2T will improve the learning enthusiasm and efficiency，and enhance their academic evaluation capability.

Key words：writing to learning；writing to thinking；graduate teaching；situational teaching approach

基于班主任负责制的项目式教学法在"工程实践"课程中的应用效果

李劲松　陶　波

摘　要： 为适应在"新工科"背景下，国家以及行业企业对于实践教学环节的更高要求，整合中心内外部资源，打造了工科大平台课程——"工程实践"，提出了基于班主任负责制的项目式教学法。采用大班上课加小班指导、线上资源加线下实操、知识技能学习加工程项目开发，个人学习加团队协作的实施推进模式。结果证明，这种模式有效提高了学生的基本工程实践能力、工程综合应用能力以及知识与技能交叉融合能力。可以有效解决高校实践类课程在具体实施环节中的短板问题，为实践类课程的开展、项目式教学的实施摸索出了一条值得借鉴和推广的新路。

关键词： 工程实践；工程技能训练；项目式教学法；班主任负责制

1　引言

在"新工科"背景下，国家以及行业企业对于学生动手能力、创新实践能力的要求越来越高，各高校对实践教学环节的要求和定位也随之发生转变，传统的"金工"加"电工"的带教实习模式，已难以践行"价值引领、知识探究、能力建设、人格养成"的四位一体的人才培养理念[1-4]，课程改革与实践实训新模式的探索势在必行。为适应大工科平台建设，整合内外部资源，开设了面向大一学生，可以覆盖电信、机动、船建、材料、医学、生医工、航空航天等学院专业，每年受益学生超过1 800人的全新大平台课程——"工程实践（ME210/SI1210）"。自2020春季学期起，采用基于班主任负责制的项目式教学法推进课程实施，既可以合理统筹所有资源，又可以精细化实施，有效解决了实践教学环节的发展困境。

作者简介： 李劲松，男，上海交通大学学生创新中心高级工程师，工学博士，主要研究方向为机电一体化控制，邮箱：ljs@sjtu.edu.cn；陶波，男，上海交通大学学生创新中心工程师，本科，主要研究方向为教育学，邮箱：taobbsg@sjtu.edu.cn。

基金项目： 上海交通大学决策咨询实验技术专项立项课题（项目编号：JCZXSJB2018-031）。

2 项目式教学法

目前,大部分高等院校均把实践类课程作为培养学生动手和创新能力的主要载体。但其中绝大多数实践课程还是沿用传统的教学模式,对于培养学生的动手和创新能力的效果不佳,学科交叉及校企合作不足,不能满足学科融合及产业发展需求,无法真正发挥公共实践平台的作用。

项目式教学法是设置一系列完整的有挑战性的任务或研究项目,使学生在完成的过程中将理论和实践有机结合,它以任务为导向,以培养学生的各种能力为首要教学任务[5-7]。与传统教学方式相比,项目式教学法在教育理念、教学目标、教学环境、教学过程和教学手段等方面都发生了很大变化[8-10]。开设的"工程实践(ME210/SI1210)"课程是高校在人才培养过程中的重要实践教学,它以实际工程环境为背景,以工程项目、产品制造、动手实践为主线,通过实物设计、加工、装配、调试、演示等环节的设置给学生以工程实践的真实体验,让学生真实感受到什么是工业制造和工程文化,激发其工程创新能力,提高工程综合素养。基于此,设计了以工程技能训练和工程项目实施为双抓手的项目式教学模式。

3 项目式教学法组织与实施

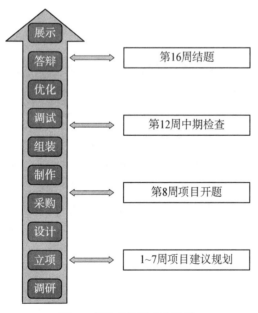

图1 项目式教学实施流程

通过工程技能训练使学生掌握基本的仪器、设备、工具等的使用方法以及相关工艺操作的基本技能,让学生在亲自动手体验的过程中,达到提升基本工程实践能力的目的;通过工程项目实施的综合训练使学生熟悉项目开发以及产品对象分析、设计、制造与实际运行的完整过程,培养初步的工程综合问题解决能力;通过与竞赛及"大创"等项目活动的融合,培养多专业领域知识与技能交叉与融合的意识和能力,激发学生的工程创新能力。具体的工程实践课程项目式教学的实施流程如图1所示。

3.1 课程整体安排

"工程实践"课程按照概论、工程技能训练,工程项目实施等环节顺序开展。概论课主要为工程学导论及项目式教学介绍;工程技能训练则从传统制造方法(车、钳、铣、磨、钣金)、现代制造方法(CAD、3D打印、激光加工、数车、数铣、线切割)、电子设计方法(Arduino、树莓派、电子元件认识与焊接)、智能控制方法(MATLAB、LabVIEW、机械臂控制)等几方面,按照模块化,根据不同专业方向组合实施教学;工程项目实施则主要采取班主任负责制组织推进。

3.2　项目教学班班主任制度

在工程项目实施阶段,为保证教学质量,实施小班化管理,由班主任全面负责各教学班的项目指导工作,班主任具有扎实的专业理论知识和丰富的实践教学经验,同时考虑机械类专业与电类专业的老师相互配合进行指导。一般情况下,每两个教学班(约 40 人)配置 1 名班主任及 1 名副班主任,班主任与副班主任通过双向选择进行搭班配合,并由电子抽签决定要指导的(工程技能训练课表)班级。

班主任人选采取全校遴选的机制,为体现对班主任工作付出的认可,出台明确的政策,将班主任工作计入相应的课时工作量。在学期末,结合所指导班级的项目成绩、班主任的评教结果,进行优秀班主任的评定。班主任的期末评定成绩将作为年度考核优秀的重要参考依据,以鼓励和肯定班主任的工作成果,进而保证"工程实践(ME210/SI1210)"课程项目式实践教学效果。班主任的工作内容主要包括:

(1) 过程管理。全面负责班级的教学管理工作,如教学班的开题/立项、项目推进、结题等环节的教学组织和指导;开题前每个学生的项目建议书、各项目团队开题报告、结题材料(结题报告、答辩 PPT、组内互评表、例程代码、图片及视频文件)等的收集与整理工作;项目与成绩评定相关的工作包括各给分点的作业审阅、评分、汇总,以及学生采购材料发票的收集汇总等。

(2) 项目指导。开题/立项时的项目立意、方案的引导与指导;开题至结题时间段内,督促项目实施,包括技术方案、成本规划等;在项目加工、组装、调试等各个环节给予必要的引导、指导和帮助;帮助学生协调好各类加工、制造、FabLab(fabrication laboratory,微观装配实训室)资源在课程项目实施过程中的使用等。

(3) 注重学生能力的培养。在项目指导过程中,以学习方法传授和能力培养为重点,引导学生充分利用个人或团队的知识、经验和能力解决项目开发过程中的问题;帮助学生理解工程文化、培养工程意识,提升项目实践综合能力,同时培养和增强学生团队协作、攻坚克难、追求卓越的能力和信心。

3.3　学生项目的组织与实施

原则上要求学生 4 人一组(根据实际情况亦可 3 人或 5 人一组)为单位进行项目实施推进。班级的每位同学都需提出一个项目方案或项目建议,通过 PPT 在全班展示;班主任和其他同学共同投票,由班主任结合票数及项目综合因素(特别需要项目具有一定挑战度)确定班级最终立项实施的项目,并由该项目提出者组队,招募其他感兴趣的同学加入,进而选出组长,结合分工推进项目。

1）项目要求

（1）项目基本要求。要求所设计的项目要以工程实践课程所学内容为基础，利用所学的技能进行机械结构和电控系统的设计与制作。其中，机械结构需自行设计并利用设备资源进行加工、制作；电控系统建议使用 Arduino 或树莓派加外围器件的形式进行设计。

（2）项目成果要求。以完成度作为首要衡量目标，此外应具有一定的功能性和创新创意设计，还要具备一定的欣赏性或趣味性。

（3）项目选题及应用方向。鼓励学生关注社区、教育、环保、健康、能源、交通等可持续发展领域，争取结合创新理念和前沿科技，打造具有社会和产业价值的全新作品。在应用方向上不做限制，学校、居家、医用、工业、农业、航空航天、艺术品、玩具等均可。

2）项目推进流程

项目的推进按计划进行，以一学期 16 周为例，第 1 周为概论及项目导引；第 2～7 周为必修模块的学习和资料收集、项目建议；第 8 周为项目开题，包括项目的遴选、组队、分工等；第 9～12 周为补充模块学习，包括项目启动推进、方案细化、材料采购等；第 13 周为中期检查，包括进展汇报、问题集中和协调解决；第 14～15 周为组装调试、功能验证，结题材料准备；第 16 周为结项，包括项目汇报、实物与视频展示、提交报告。之后的 2 周进行材料归档、成绩统计、学生发票汇总等工作。图 2 为某个学生具体的项目制作开发流程。

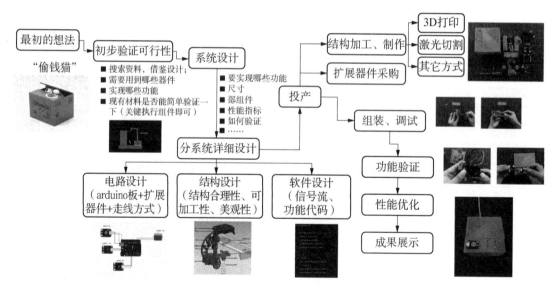

图2　学生项目样例制作开发流程

3）补充说明

为保证项目实施，每位学生的材料采购预算为 150 元人民币，一组项目（以 4 人为例）的材料采购预算约为 600 元人民币，用以采购电控类模块元器件、结构类非标组件等。结题报告中应包含项目费用明细，超支部分原则上不予报销。学生亦可通过某些手续免费领取金属、非金属板材、型材、管材等材料。同时,24 小时开放所有创新实验室、工坊、FabLab 并配备助管值班为项目提供加工、制作、调试服务。为公平起见,选择 Arduino 作为核心控制的组别与选择树莓派的组别分开进行展示评比。

4　学生成绩评定

"工程实践(ME210/SI1210)"课程学生成绩实习成绩和理论成绩构成,其中实习成绩占了 90%,具体如图 3 所示,这会在第一次课就告知学生。

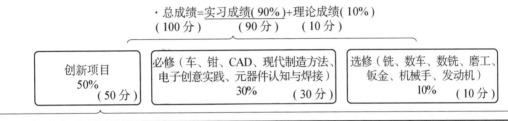

图 3　工程实践(ME210/SI1210)课程学生成绩构成

学生总成绩由工程技能训练模块、安全教育理论以及项目三部分的成绩组成。项目成绩中的个人项目建议、项目开题与结题报告成绩由班主任评定给出;个人贡献度由组内成员按照打分规则互评给出;项目评审成绩在项目结题汇报时,由班主任、全体学生、院系专家、企业导师按照权重打分给出。企业导师一般为获得聘任资格的行业龙头企业公司的工程技术人员,一般每次邀请 2～3 名。

5　效果

5.1　学生评价

随着课程改革的不断深入,学生对于课程体系的评价越来越高,评教分数逐年提升。"工程实践"课程学生评教情况如表 1 所示。

表 1   "工程实践"课程学生评教情况

学年	学期	课程代码	课程名称	参评比例	是否达标	开课学院排名	所属学科大类排名	全校排名	开课学院	课程档次
2019—2020	2	SI1210	工程实践	94.79	是	8/26	250/490	1 716/3 533	学生创新中心	B
2020—2021	1	SI1210	工程实践	99.7	是	10/30	184/420	1 488/3 099	学生创新中心	B
2020—2021	2	SI1210	工程实践	95.79	是	2/26	84/490	550/3 533	学生创新中心	A1

5.2 项目产出

为鼓励优秀项目及学生的持续投入和参与，每个班级遴选出 2 个项目参加学期结束时的项目路演，中心邀请院系专家、企业导师集体为优秀项目把脉，并评出特等及一、二、三等奖，获奖学生将获得额外的材料费报销额度，以及直接申报"大创"的资格。在此基础上，还会从中选拔参加全国大学生工程训练综合能力竞赛以及其他学科竞赛的学生，进行后续培养。优秀项目展示及评选现场如图 4 所示。

图 4 优秀项目展示及评选

经过一段时间的建设，"工程实践"课程获得了"2021 年度上海高校市级重点课程"项目立项。此外，在课程项目研究的基础上，学生在其他科创项目和竞赛中也屡获佳绩。据不完全统计，自课程开设以来，学生在项目研究的基础上产生的各类科创项目和参加竞赛的情况如下：①42项获得第37—40期的PRP项目立项，其中获得优秀7项；②39项获得大学生创新实践计划项目立项，其中晋升5项，获得优秀4项；③273项参加2021年第七届中国国际"互联网＋"大学生创新创业大赛，其中获得金奖5项、银奖2项、铜奖3项；④在2021年第十届上海市大学生工程训练综合能力竞赛中，获得特等奖3项、一等奖2项、二等奖3项。

5.3　后续优化方向

课程运行近2年来，取得了非常好的效果。学生给予了高度评价，学生在各种竞赛和科创项目中的表现也前所未有的优秀。但项目式的课程形式毕竟是一种探索，还有较大的改进空间，包括：①形成班主任月会（或半月会）制度，可以针对学生的各种问题进行集思广益，群策群力，避免单兵作战的局限；还可以每学期期中、期末，召集学生进行座谈，广泛听取学生对于课程实施的意见建议，及时总结完善；引入第三方进课堂收集学生意见，如中期学生反馈服务，也可以最大限度获得学生的真实想法，一起改进教学。②形成班主任培训制度，对于没有担任过班主任的教师进行岗前培训，通过与经验丰富的班主任进行充分交流以提供带教能力，或者让没有经验的班主任先从副班主任做起。③项目推进过程中形成每周答疑、每半月提交进度报告制度，除QQ与微信群外，还应保持与学生面对面的联系沟通，随时关注项目的动态进展。④充分调动多方资源，包括学长、院系同行、校外优秀企业专家等，对项目进行把关、指导，以培育更多优秀的项目，培养更多优秀的学生。⑤遴选优秀或有潜力的项目和学生，继续以PRP、大创、互联网＋等形式进行深入研究，建立课内与课外联动机制，保证创新的延续性。

6　结论

实践证明，通过班主任负责制的工程项目实施，可以实现点对点、一对一的指导要求。既可以合理统筹资源，又可以展开精细化的教学指导，有效解决了实践教学环节的发展困境。学生通过短短一个学期的学习，就获得了初步的工程综合应用能力，具备了对于多专业领域知识与技能交叉融合的意识和能力。经过多轮迭代，"工程实践（ME210/SI1210）"课程体系正日趋完善，课程建设与课程改革将向更深层次推进。同时，这些实践经验也为其他高校实践类课程的开展、项目式教学的实施摸索出了一条值得借鉴和推广的新路。

参考文献
［1］钱存阳.项目化教学培养大学生系统实践能力[J].高等工程教育研究,2015(2)：187－188.
［2］潘懋元,陈春梅.高等教育质量建设的理论设计[J].高等教育研究,2016,37(3)：1－5.
［3］崔振铎.把能力培养作为提高工程教育质量的关键[J].中国高等教育,2012(23)：38－39.
［4］李吉泉,潘柏松,胡钰,等.基于项目式学习的工程创新设计课程教学模式研究[J].浙江工业大学学报：社会科学版,2016,15(2)：209－212.
［5］周猛飞,蔡亦军,刘华彦,等.基于竞赛驱动的项目式教学模式探索与实践[J].控制工程,2020,27(4)：

620 - 623.

［6］罗大兵,张祖涛,潘亚嘉,等.慕课与项目式教学相结合的工科类课程教学模式探索［J］.高等工程教育研究,2020,2：164 - 168.

［7］陈晓梅,武戈,钱昊永.项目链驱动式实验教学资源优化建设［J］.实验室研究与探索,2018,37(4)：242 - 245.

［8］张晴晴,许雪艳,代光辉.基于项目式教学的《机械工程材料及其成形技术》实验教学改革与实践［J］.高教学刊,2020,18：139 - 142.

［9］杜林娜,吴铭,杨晶,等.项目驱动式教学法在微生物学教学中的应用［J］.微生物学通报,2020,47(4)：1278 - 1285.

［10］王家忠,李珊珊,姜海勇,等.项目式教学法在教学中的实践与探索—以"数控机床维修技术"课程为例［J］.河北农业大学学报(农林教育版),2016,18(02)：73 - 76.

Application effects of a Project-based Teaching Method on Course of Engineering Practice Based on Class Teacher System

LI Jinsong，TAO Bo

Abstract：In order to adapt to the higher requirements for practical teaching in the context of "New Engineering and Technical Disciplines", the school integrated the internal and external resources of the center, created a large engineering platform course—"Engineering Practice", and proposed a project-based teaching method based on class teacher system. The implementation of the model of large class plus small class guidance, online resources plus offline practical operations, knowledge and skill learning plus engineering project development, and individual learning plus teamwork is promoted. Practice has proved that it has effectively improved the students' basic engineering practice ability, comprehensive engineering application ability, and the ability of cross-integration of knowledge and skills. It can effectively solve the short board problem in the specific implementation of practical courses in Colleges and universities, and explore a new way worthy of reference and promotion for the development of practical courses and the implementation of project-based teaching.

Key words：Engineering Practice；Engineering skills training；Project-based teaching method；Class teacher system

基于 MATLAB 的数学实验分层设计及效果研究

陶淑一

摘 要：线性代数具有逻辑性强、抽象性强、前后知识联系密切、内容相互渗透的特点，在实际教学中，学生普遍反映这门课程难以理解，不好掌握，更难以做到举一反三，融会贯通。通过设计一些基于 MATLAB 的数学实验，给学生提供实际运用知识点的机会，提高学生的实际问题解决能力。此外，针对不同专业不同基础的学生，将数学实验进行分层设计，以满足不同层次学生的学习需求。问卷调查的结果发现，学生的学习积极性和兴趣普遍提高。期末成绩分析表明，学生对知识的掌握程度比以往更好。

关键词：线性代数；数学实验；分层教学

1 引言

线性代数是大学最主要的数学公共基础课程之一，能培养学生的推理和问题解决能力。学好线性代数有利于学生提高抽象思维、逻辑推理和归纳判断的能力，科学计算和数学建模的能力，用数学语言描述问题和用数学方法解决问题的能力等。线性代数的教学内容主要包括行列式、矩阵、线性方程组、特征值、特征向量和二次型。线性代数具有逻辑性强、抽象性强、前后知识联系密切、内容相互渗透的特点，在实际教学中，学生普遍反映这门课程难以理解，不好掌握，更难做到举一反三，融会贯通。

在科学研究中，非线性模型经常用线性模型来逼近，线性代数被广泛应用于自然科学和社会科学中。线性代数的核心内容是线性方程组，主要工具是矩阵的初等变换。在传统线性代数教学中，涉及的行列式和矩阵的阶数较低。而在实际问题的数学模型中，行列式和矩阵的阶数很高，无法通过手工计算实现。如何将线性代数所学的与实际相结合，让学生有更好的学习和理解，并意识到线性代数这门课程的作用，是非常重要的。

矩阵试验室（matrix laboratory，MATLAB）是一款流行的计算软件。它具有强大的数值计算能力和图形可视化功能，美、英等教育发达国家非常重视 MATLAB 与线性代数课程的结合。2000 年美国麻省理工学院录制的线性代数公开课中，已经将 MATLAB 软件引入

作者简介：陶淑一，女，上海杉达学院基础教育部讲师，硕士，主要研究方向为数值计算，计算机图形学，邮箱：taoshuyi1027！@163.com。

线性代数课程。此外,MATLAB 的指令和相应的数学函数相近,容易入门。

所谓数学实验就是从问题出发,借助计算机,通过学习者亲自动手操作,学习、探索和发现数学规律。1976 年,美国伊利诺伊州大学(University of Illinois,USA)的两位年轻数学家利用计算机成功地解决了困扰数学界长达近两百年之久的四色定理(地图是可以四面着色的),震惊了整个数学界,并由此引发了数学家们的思考,从而产生了"数学实验"这一新的数学研究方法[1-2]。数学实验的目的就是通过使用计算机软件求解数学学习过程中所遇到的数学问题,来提高利用计算机解决数学问题的能力。这也是当前数学教学改革的重要方面。

引入数学实验主要是为了提高学生学习数学的积极性,促进数学与其他学科的结合。

此外,同样是线性代数的教学,由于学生的基础有很大不同,有的学生已经牢固掌握了基本的知识点,有的学生连最简单的知识点掌握起来都有困难。如何让不同基础的学生,在学习过程中都有所收获,这就需要在教学设计和进行数学实验时进行分层。

因此,设计基于 MATLAB 实现的数学实验,让学生对某个知识点有实际应用的机会,提高学生解决实际问题的能力。同时,针对不同专业不同基础的学生,将数学实验的实现再次分层,满足不同层次学生的学习需求。

2 分层教学

20 世纪初,美国教育部门为了应对大量存在巨大文化差异的外来移民儿童,提出了分层教学地点理念[3-5],即按照他们的文化素质对他们进行分层教学。到 20 世纪 60 年代,著名教育家布卢姆提倡的"掌握学习理论"以及罗杰斯提倡的"人本主义"教育理论,对分层教学的促进和分层教学方式方法的多样化都产生了重要影响。

分层教学是在教学实践中逐渐探索出来的一种新教学模式。即根据每个学生的特点,实施有差别化的教学,最终使每个学生的水平和素质都能得到提高。分层教学就是教师根据学生现有的知识、能力水平和潜力倾向把学生科学地分成各自水平相近的几组并区别对待,这些群体在教师恰当的分层策略和相互作用中得到最好的发展和提高。又称分组教学、能力分组,它是将学生按照智力测验分数或学业成绩水平分成不同水平的班组,教师根据不同班组的实际水平进行教学。分层教学能够使学习成绩的评价更加合理,可以提高学生的学习兴趣,发挥学生的主观能动性,激发学生学习潜能。

大学数学分层教学的目的是实现课程基本要求的前提下,促进学生充分发展。为了达到这一目的,把教学分成两个阶段:第一阶段为基础阶段,第二阶段为发展阶段。第一阶段的教学以实现大学数学课程基本要求为目的。第二阶段以促进学生充分发展为目的。针对不同班别的学生,采用不同的教学内容、教学目标、教学要求和教学手段。

授课班级的学生比较多元化,其中,文科学生偏多,其余计算机科学与技术、软件工程、机械电子工程、建筑电气智能化等工科专业的学生,其数学学习能力也存在很大差别,如何让基础参差不齐的学生都能够喜欢数学实验并能从中有所收获,这是需要深入研究和思考的问题。因此,分层要掌握一定的原则。如果分层具有严格的上下层级区别,有可能伤害较低层级学生的自尊心和自信心,挫伤他们的学习积极性,使他们产生自暴自弃的心理。所以,本文考虑将数学实验融于某个实际问题,并将该问题设计两个小问题,学有余力的同学可以全部完成,达成数学分层教学的较高目标。其他同学只需完成第一问,完成课程考核的基本要求,这样就可以起到真正的分层学习效果。

3　数学实验

数学实验方法[6](mathematical experiment methods,MEM)是指借助于某种客观工具(特别是计算机或数学软件),针对某种数学猜想或假说、某种客观现实中待解决的问题、某个数学应用的分支或相关问题,应用数学理论来进行处理和解决的一种方法。从这个意义上来讲,数学实验方法既是数学研究与发现的重要方法,也是数学教育、数学学习和数学应用的重要方法。

3.1　数学理论传授型数学实验的定义

数学理论传授型数学实验是指以计算机及数学软件为工具,以传统的大学数学基本理论和方法为实验内容,利用数学软件来计算、证明各种数学问题。这种利用数学实验进行辅助教学的手段,有助于增强教学过程的生动性、直观性及可操作性,并有助于学生对传统数学教学内容的理解和掌握。数学实验的目的是加深对基本概念和基本理论的理解,进一步掌握数学计算、论证的方法,帮助学生提高数学学习的兴趣,拓宽解决问题的思路与方法。知识传授型数学实验课的教学内容是传统数学教学的补充和发展。

3.2　数学理论传授型数学实验的意义

数学理论传授型数学实验的意义在于能够激发学生的学习兴趣,加深对所学基本理论知识的理解,进一步巩固所学的基本计算与分析方法,同时能够培养学生的数学软件使用能力。按照原有的教学方法和内容,我们教给学生的主要是基本的理论与方法,能够解决一些计算问题、证明问题等,但由于计算量的问题,往往只能解决一些较为简单、特殊的问题,对于复杂的、规模较大的问题,由于涉及复杂的运算过程,学生很难通过手工做出来。借助数学软件的强大运算能力,能够完成更多更一般、更复杂、规模更大的问题。有了数学实验的帮助,学生可以借助计算机来解决不少数学问题,学会使用相关软件来进行数学计算和分析,有助于激发学生的学习积极性,增强学生的学习自信。

3.3　教学内容的选择原则

数学实验教学的目的是使学生掌握一种数学方法,因此在教学内容的选择上既要遵循灵活性原则,同时也要遵循典型性和规范性原则。灵活性,即教学案例可以灵活选择,只要能够为学生所接受、能够体现实验教学的特定目的、客观条件允许,就可以选为教学内容;典型性,即必须选择最具典型性的教学案例,既生动有趣,又能耳目一新,真正体现现代计算机工具的优势。规范性,即要与数学教学基本要求紧密结合,体现相关课程教学重点和难点,要与相应学科专业人才培养相结合,所选教学案例最好是与该专业领域密切相关的题材。

4 分层数学实验教学设计

根据大学数学分层教学的目的和数学理论传授型数学实验的教学内容选择原则,将本课程的知识点和实际问题相结合,设计了大量实际数学实验问题,基于 MATLAB 得以实现。考虑到学生的数学学习能力不同,对 MATLAB 的自我学习能力和学习兴趣不同,针对每个数学实验问题,都设计了理论层面和实际问题解决两个小问题。对于基础较薄弱的学生,只需完成第一个小问题,对于学有余力的学生,鼓励其完成数学实验中的两个小问题。对于学生的完成情况,给予不同的平时分激励,激发学生学习动力。

以下是具体问题的分层数学实验设计样例:

1) 方程组的应用——交通流量问题

在某市的南京路、北京路、四川路、河南路交界处的车辆数如图 1 所示:

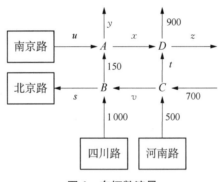

图 1   车辆数流量

问题 1:写出需要满足的线性方程组,利用 MATLAB 将增广矩阵化为行最简阶梯形矩阵。

问题 2:(选做)利用 MATLAB,求出满足问题的所有解。

像这样一个有实际背景的例子,可以让所有学生完成第 1 个问题,这样就具备了初步的解决问题能力。学有余力的学生,可以进一步完成第 2 个问题。在这里我们可以介绍一下 rref(A)这个函数,它是用来求矩阵最简形的。

该问题的关键点在于要满足每个路口的车辆流入等于车辆流出,即

$$\begin{cases} x+y=u+1\,500 \\ x+t=900+z \\ v+1\,000=s+1\,500 \\ v+t=500+700 \end{cases}$$

MATLAB 命令为

A= [1,1,0,- 1,0,0,0,1500;1,0,- 1,0,0,0,1,900;0,0,0,0,1,- 1,0,1500;0,0, 0,0,1,0,1,1200];

rref(A)

ans=

Columns 1 through 6

1	0	- 1	0	0	0
0	1	1	- 1	0	0
0	0	0	0	1	0
0	0	0	0	0	1

Columns 7 through 8

1	900
- 1	600
1	1200
1	700

2) 矩阵及乘法的应用——比赛排名

四支篮球队进行单循环赛,结果如图(无平局),其中弧(a,b)表示 a 击败 b。

问题 1:写出对应的邻接矩阵。

问题 2:排序规则,若 a 打败 b,则 a 从 b 身上得到 1 分;若 a 打败 c 且 c 打败 b,则 a 从 b 身上也得到 1 分。按此规则,利用矩阵乘法及 MATLAB,为此四支队排名。

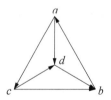

第 1 小题是将实际问题转化为矩阵,要求所有学生掌握。第 2 小题,涉及了矩阵乘法的应用,让学有余力的同学完成。

若 a 打败 b,则记 a_{ij} 为 1,否则记为 0,则该问题的邻接矩阵为 $\boldsymbol{A} = \begin{bmatrix} 0 & 0 & 1 & 1 \\ 1 & 0 & 0 & 0 \\ 0 & 1 & 0 & 1 \\ 0 & 1 & 0 & 0 \end{bmatrix}$。根据排序规则,若 a 打败 c 且 c 打败 b,则 a 从 b 身上也得到 1 分,即 $a_{ik}=1$,$a_{kj}=1$,则 $a_{ij}=1$。可以利用 $a_{ij}=a_{ik}\times a_{kj}=1$ 来计算,这就可以转化为矩阵的乘法运算,即计算 A^2。总得分即计算 $A+A^2$。

MATLAB 命令为

A= [0,0,1,1;1,0,0,0;0,1,0,1;0,1,0,0];

X= A+ A* A

X=

0	2	1	2
1	0	1	1
1	2	0	1
1	1	0	0

由此可知，$a_{12}=2$，即 a 队在 b 队身上得到 2 分，即每一行的和为每个队伍的总得分。a 队得到 5 分，b 队得到 3 分，c 队得到 4 分，d 队得到 2 分，所以四个队的排名为 a,c,b,d。

3）逆矩阵的应用——传输密码

某接受者收到的信息为 $\boldsymbol{C}=\begin{bmatrix} 43 & 17 & 48 & 25 \\ 105 & 47 & 115 & 50 \\ 81 & 34 & 82 & 50 \end{bmatrix}$，公司的加密矩阵为 $\boldsymbol{A}=\begin{bmatrix} 1 & 2 & 1 \\ 2 & 5 & 3 \\ 2 & 3 & 2 \end{bmatrix}$，

字母	a b c d e f g h	i j	k	l m	n o	p	q	r s	t	u	v w	x	y z	空格
码字	1 2 3 4 5 6 7 8	9 10	11	12 13	14 15	16	17	18 19	20	21	22 23	24	25 26	0

问题 1：求矩阵 $\boldsymbol{A}$ 的逆矩阵。

问题 2：根据对应表，利用 MATLAB，破译此信息。

设包含真实信息的矩阵为 $\boldsymbol{B}$，则 $\boldsymbol{AB}=\boldsymbol{C}$，即 $\boldsymbol{B}=\boldsymbol{A}^{-1}\boldsymbol{C}$。

MATLAB 命令为

A= [1,2,1;2,5,3;2,3,2];

C= [43,17,48,25;105,47,115,50;81,34,82,50];

B= inv(A)* C

B=

19	4	15	25
5	0	14	0
14	13	5	0

根据对照表，可以得出结果为：send money

上述三个线性代数实例都有很强的实际应用背景，与相应的理论知识点密切结合，在数学软件 MATLAB 的帮助下，问题变得简单易懂而且有趣。在课堂中引入数学实验后，在一个 60 人的实验班中，80% 的学生都能完成两个小问题。期末发放调查问卷发现，大家普遍

认为学习的积极性和学习兴趣有所提高。从期末成绩看,实验班学生对课程内容的掌握程度比以往未涉及数学实验的教学班更好,班级平均成绩提高了 4.5 分。

5　讨论

通过以上实例,可以发现引入数学实验,学生不再只是被动地接受知识,而是主动将所学理论知识用于解决实际问题。在学习过程中,会对这门课程的作用和意义有更深刻的理解,理论的运用会更娴熟。可见,在线性代数课程中融入数学实验有以下几点好处:

1) 学生能更为深刻地理解数学原理

学生由过去的被动接受转为主动参与,由原来只做书本上的习题变为去设计问题,解决问题。教师授课内容的深度也增加了很多,原来在讲某些知识点时只能涉及浅表层面,比如行列式,原来只能讲到二阶、三阶的程度,现在利用计算机可以解决包含高阶行列式的问题;在讲分块矩阵时亦是如此,原来只能在理论上告诉学生它在计算上的好处,现在可以找到一个高阶矩阵,让学生自己设计分块,感受计算上的差别。这大大加深了学生对一些复杂、抽象概念的系统认识,同时感受数学课程的魅力所在。

2) 培养了学生使用数学软件的习惯

学生在平时的学习生活中,对于有些数学软件如 MATLAB,基本没有接触过。通过数学实验,可以让学生有机会学习和熟悉一些数学软件。21 世纪是信息时代,数学学科和计算机的结合,有助于改变学生认为数学课计算量大、枯燥无味的刻板印象,大大提高学生对数学课程的兴趣。

3) 提高学生利用数学软件解决大型线性计算问题的能力

鉴于计算能力的限制和课堂教学时间的限制,很多教师在课堂上都无法展开大型计算,借助计算软件开展数学实验大大改变了这一现状,有助于学生在课堂之外,深刻体验大型计算解决问题的乐趣,体验数学与实际生活的联系。

4) 有助于学生掌握数学建模的思想和方法

数学建模[7-8],顾名思义,需要对实际问题先建立起基本的数学模型,然后利用相应的数学方法进行解析或近似处理,计算机的发展,让数学模型的求解变得轻而易举。数学建模的思想融入高数课的困难之一是数学建模往往与高深的数学理论和方法紧密相连,很多学生感到学习非常困难。虽然一些数学建模方面的竞赛经常开展,但很多同学对此并不是很了解,参加的积极性也不高。在线性代数课程中引入数学实验,可以看作是学习数学建模前的小练兵,选用体现数学建模思想的初级数学理论与方法构建数学实验,结合生活实际问题,既能激发学生学习数学的兴趣,又能培养学生的建模思维。发掘更多喜欢数学建模的学生,点燃更多学生学习数学的热情,促进学校数学建模竞赛的开展。

5) 数学实验也是一种考核学生的手段

鉴于课时有限,线性代数课没有期中考试,而占了 40% 的平时成绩,只靠作业去衡量,难以体现出区分度,数学实验是一种有效的补充。让学有余力的学生有更多收获的同时,加强学生的动手实践能力,体现出对学生评价的区分度,这对所有学生有激励作用。

6 结语与展望

本文根据大学数学分层教学的需要和数学理论传授型数学实验的教学内容选择原则,设计了很多结合日常应用的数学实验,每个数学实验都根据学生的水平精心设计了两个不同层次的小问题,允许不同基础的学生自主选择完成。数学实验借助的软件 MATLAB 不仅学起来比较容易,功能还非常强大。一个学期的线性代数学下来,不仅让学生掌握了数学的理论方法、培养了学生的建模思维,学会了 MATLAB 软件的应用,激发了学生的数学兴趣,最关键的是让不同基础的学生都能在课程中获得成长和进步,可以说是一举多得。

数学实验融入教学和分层教学的思想,只在部分班级中进行了尝试,一切都还在起步阶段,还需要多轮教学经验的积累,需要进一步的改进和迭代。如何设计更多合适学生操作的数学实验,并将数学实验运用于实际教学中,或者让学生尝试根据所学知识点,设计相应的数学实验,这是未来努力的方向。

参考文献

[1] 王军霞,黄娟.将数学实验融入线性代数的教学[J].数学教学研究,2011(2):48-51.
[2] 李尚志.培养学生创新素质的探索——从数学建模到数学实验[J].大学数学,2003(1):46-50.
[3] 陈之辉.关于大学数学课程分层教学实施方式的思考[J].河北软件职业技术学院学报,2017(4):41-43.
[4] 孙聪,王千.分层教学法在课程教学中的价值研究[J].现代交际,2015(11):218-219.
[5] 凌春英.基于分层教学法的高等数学课程教学改革研究[J].黑龙江科学,2018(12):48-49.
[6] 胡京爽.数学实验方法与大学数学实验课程教学[J].洛阳大学学报,2006(2):105-109.
[7] 阎家斌,宋叔尼,孙艳蕊.用 MATLAB 和建模实践改造工科线性代数课程的体会[J].大学教育,2013(8):65-66.
[8] 叶其孝.把数学建模、数学实验的思想和方法融入高等数学课的教学中去[J].工程数学学报,2003(8):3-13.

Stratified Mathematics Experiment Design Based on MATLAB

Tao Shuyi

Abstract:Linear algebra has the characteristics of strong logic, abstraction, close connection of knowledge and infiltration of content. In practical teaching, students generally reflect that this course is difficult to understand, difficult to master, let alone to draw a conclusion from one another and integrate. This paper proposes to design some mathematical experiments based on MATLAB, so that students can have practical application opportunities for a certain knowledge and improve the students' abilities to solve practical problems. At the same time, for students of different majors and different foundations, the realization of mathematical experiments is stratified to meet the learning needs of students at different levels. After the introduction of mathematics experiment in the classroom, it is found that students' general learning enthusiasm and interest have improved. Judging from the final grade, students' mastery of this course is also better than before.

Key words: linear algebra; Mathematical experiment; Stratified teaching

通往教师之路：博士研究生未来教学
能力培养策略研究

张艳丽

摘　要：在当前大学的科研评价机制下，教学工作成为大学里无人问津的"要塞"。教学学术作为一种新型的教学观和学术观，把一直以来割裂的教学活动和学术活动联系了起来。当前，我国开始日益重视青年教师的教育教学能力，而博士生作为青年教师的职前教育阶段，其未来教学能力的培养理应受到重视。博士生作为大学这个制度性场所里最重要的资源，高校应该革新博士生人才培养的理念、以课程和组织模式为载体，以"教学学术"理念为行动路径，以制度和文化为保障来培养博士生未来教学能力。

关键词：博士生；未来教师培养；教学能力；教学学术；

1　引言

随着国家对教学工作的日益重视，教师的教学能力也被提到了日益重要的位置。随着高校教师队伍持续年轻化，2006 年，35 岁以下的青年教师就成为高校师资队伍的主力军[1]。事实上，随着我国博士生教育规模的不断扩大，博士毕业生的就业虽然越来越呈现出多元化的趋势，但数据显示[2]，高校仍是吸纳博士生就业的一个主要渠道，平均一半以上的博士研究生在取得学位后进入到高校教师岗位工作；值得注意的是，在当前高校高职称教师年轻化，青年教师规模增长迅猛的表象下，掩盖的是其教学能力不足的事实[3]。因此，提高高校青年教师的教学能力和培养博士研究生的教学能力就显得尤为重要了。

作者简介：张艳丽，女，上海交通大学教育学院博士研究生，研究方向为高等教育管理、高等教育基本理论。
　　　　邮箱：zhangyanli@sjtu.edu.cn。
基金项目：本文系全国教育科学"十三五"规划青年基金项目"中国大学学科建设的历史考察与实践机制研究（1949—2019）"（项目编号：CIA190277）。

2　青年教师何以胜任高校教职工作

2.1　我国日益重视青年教师的教学能力

近年来,随着青年教师教学工作投入与科研工作投入时间的失衡,高校青年教师的教学能力不足引起了大学教学质量下降。对于刚毕业、拥有博士学位、无任何职前经验的大学新教师而言,其学科的专业能力一般都能达到大学教学的需要与水平,但他们所具有的教育学、心理学、一般教学法和学科教学法等教学学术的理论知识及建立在此基础上的教学能力,在某种程度上来讲几乎还是一片空白[4]。无疑,这种新手青年教师大都欠缺教学经验,他们进入高校必然要面对如何胜任教学的问题,因此,如何迅速提高新任教师的教学能力就成为我国当前乃至今后一段时期内持续提高人才培养质量的关键。在此背景下,重塑本科生教学、提升大学教学质量将成为政府和高校关注的话题。为此,中央政府、教育部等发布了一系列文件来促进大学重视教师教学,提升本科生教育质量,并提高其青年教师的教学能力。

早在 2001 年,政府就充分认识到教学工作的重要性,并在 8 月 28 日印发了《教育部关于加强高等学校本科教学工作提高教学质量的若干意见》的通知,并加大了教学经费的投资力度。为了进一步深化本科教育教学改革,提高本科教育教学质量,2011 年 7 月 1 日,教育部联合财政部决定在"十二五"期间继续实施"高等学校本科教学质量与教学改革工程";2012 年 3 月 16 日,教育部发布了《教育部关于全面提高高等教育质量的若干意见》,明确指出要"巩固本科教学基础地位,把本科教学作为高校最基础、最根本的工作,领导精力、师资力量、资源配置、经费安排和工作评价都要体现以教学为中心。"[1] 紧接着,2012 年 7 月 12 日,为了进一步开展教师培训、教学咨询等工作,提升高校中青年教师业务水平和教学能力,提升教育教学质量,教育部开始启动国家级教师教学发展师范中心建设,并在中央部委所属高等学校中重点支持建设了 30 个国家级教师教学发展示范中心[5]。到 2018 年 1 月,中共中央、国务院发布了《关于全面深化新时代教师队伍建设改革的意见》,再次明确了教师队伍对于国家发展和民族振兴的重要性,并提出要"全面开展高等学校教师教学能力提升培训"[6]。为了进一步保障本科教学质量,中央政府持续发力,在 2018 年 9 月 6 日印发通知,提出要提升本科教育教学质量,就必须要打造"金课",淘汰"水课",要"确保教授全员给本科生上课"[7]。从 2001 年的"大力提倡教授上讲台,加强本科基础课教学"到 2018 年的"教授全员给本科生上课";从要求"教授、副教授必须讲授本科课程。一般情况下,55 岁以下的教授、副教授原则上每学年至少为本科学生讲授一门课。如无特殊原因,连续两年不服从学校安排讲授本科课程的,可不再聘任其担任教授、副教授职务"[8],到"进一步修订完善教师评价考核制度,把教学质量作为教师专业技术职务评聘、绩效考核的主要依据,在教师专业技术职务晋升中施行本科教学工作考评一票否决制"可以看出,国家和政府对待高校教师教学水平和本科教育教学质量是逐步重视的,且随着青年教师成为高校教师队伍的主力军,未来国家将持续加大对青年教师队伍建设的关注。

2.2　高校青年教师缺少必要的学科教学训练

一般来说,大学教师的职称与学位和他们的教学水平并没有高相关性。在常人看来,学历越高、职称越高,表示拥有的知识越多,似乎教学水平就越好,其实不然。教师的知识结构具有学科知识和教育知识的分类。我们所说的高学历、高职称的教师,拥有的是丰富的学科知识,却不一定拥有丰富的教育知识。[9]这也意味着刚入职的青年教师缺乏教育教学知识的系统训练。自20世纪80年代,教师知识成为教师教育研究中的一个重要领域。围绕教师知识的研究努力寻找教师之所以为师的"知识基础"(knowledge base),即教师需要拥有和凭借什么知识来胜任复杂的教育教学工作[10]。美国教育学家舒尔曼(Shulman)对教师知识分类模型,特别是围绕其中的学科教学知识(pedagogical content knowledge,PCK)进行了研究[11]。这一传统的教师知识研究使PCK成为教师知识研究中一个非常重要的构想(construct),PCK被认为是关于如何教授某一具体学科内容知识的知识,是教师所拥有的一类特殊知识[12]。而高校青年教师缺乏的正是这种学科教学知识,但胜任教学是青年教师教学能力培养的基本要求。无疑,很多博士研究生在进入高校担任教职岗位前并没有机会接受具有针对性的学科教学知识的师范训练,高校青年教师在实现从学习者到职业教育者的角色转换时,所面对的课题就是教学,如何胜任教学就成为青年教师在教学能力上求得突破的首要任务。[13]

当然,近年来,为了体现大学对于本科教学工作的高度重视,我国大学也开始了各方面的努力。一方面,各大学普遍加强了青年教师的岗前培训;另一方面,部分大学还在职称评审中强制性地增加了关于教学学术的硬性规定。当前,高校对新入职的教师都会提供新任教师培训,针对大学新教师教学能力的培训主要包括由省部级师资培训中心组织的岗前培训和由各高校自己组织的针对新教师的入职培训[14]。目前,我国高校教师培养实行教师资格认证制度,新入职教师获得教师资格证书的传统途径一般都是应聘者通过笔试、面试、试讲等环节正式上岗之后,由省级教育行政部门或者受委托的学校组织培训,基本上所有参加培训的老师都能如期拿到高校教师资格证书[15]。值得注意的是,这种通过一定时间的培训后获得统一的高校教师资格证书的做法并没有起到提升教师教学能力的作用,这种培训多是由有经验的教师讲授自己的教学经验,培训过程流于形式,缺少教师实践训练,无法满足高校对青年教师教学能力的要求。这种高校青年教师的入职培训客观来说,对我国大学教育教学质量的提升很难起到很大作用。这也不禁让我们有了诸多疑问:为何在国家大力提倡提高高校教师教育教学水平的同时,高校教师教育教学质量仍然令人担忧?如何来扭转高校轻教学重科研的地位,缓解二者之间的矛盾冲突?这种对教学的忽视背后原因是多方面的,需要重塑教学学术的理念来弥补青年教师教学和科研之间的鸿沟。

3　教学学术——弥补青年学者教学与科研之间的鸿沟

正如哈佛大学教授哈瑞·刘易斯所言："教师为了职称的升迁，使自己接受的培训日益狭隘、专门化和高深化，终身教授职务更多授予专业研究成果突出的学者，很少授予对教学做出突出贡献的教师。因此，教师迫于压力，更注重发表论文的速度和技巧，其内容变得呆板和缺乏锐气，青年教师更多是根据学术期刊和出版社的喜好而进行写作。"[16]而教学学术运动正是在这一背景下应运而生。教学学术在兴起之初，就是为了引起人们对大学教学问题的重视。作为一种新型的教学观和学术观，教学学术把一直以来割裂的教学活动和学术活动联系了起来，使我们对教学和科研的关系有了一个崭新的认识。

3.1　教学工作成为大学里无人问津的"要塞"

毫无疑问，大学在兴起之初就是一个"知识团体"，大学教师发展的核心应是"教学专业"的发展。最初的大学是一个地地道道的教学组织，"中世纪大学正是出于组织这种教学的需要而诞生的。"[17]这时，教学是大学教师的唯一职责，然而这种情况随着柏林大学的建立而走到了尽头。自洪堡以来，科研逐渐成为大学和教授工作的重心，由洪堡思想所开创的一个大学科研主义的新时代最终到来，作为一个专业组织，大学更多的是从事科研者的俱乐部，而不再是一个单纯的教学性组织[17]。这种在特定背景下的大学功能的转变，带有明显的振兴国家的功利主义色彩。随着德国洪堡模式辐射整个世界的高等教育系统，科研已成为大学的中心和生命线，教育教学功能在大学里被排挤到边缘的地位，长时期成为大学里的一个无人问津的"要塞"[18]。当然，在大学这个学者的俱乐部里，大学教师除教学之外，必须进行科学研究，但研究的对象却不包括大学教学。原因在于，洪堡以后的大学里，学科制度化已经成为学术存在的唯一合法形式，教学由于不具备制度化的条件，在大学教师的学术工作日程表上一直难觅踪影，诚如有学者所言："教师们的确对教学工作感到担忧，但认为这是个如何跟上学科发展的问题，而不是学习教育学知识的问题，……在学科制度化的大背景下，大学教师关注的重点自然在于各自的专业领域，教学一般不会被当成重要问题。"[17]尤其是在那些研究型大学，"教师的聘任及晋职更多地取决于他们的研究成果及发展前景而不是他们的教学水平和服务成绩。"[19]在这种传统观念的影响下，大学理所应当的认为教授们的本职工作是进行科学研究，教学则被认为是一种"负担"或进行科研的"兼带责任"，这种偏差在大学教授们所使用的语言里也可以看得出来：他们常常把研究看成"机会"（opportunities），而把教学当作"负担"（load）[20]。在这种情况下，大学中知识的生产、传播和创造的统一过程被割裂成了对立的两个部分。

在大学建立之初，大学教师没有严格的资格制度，只要求大学教师有极高的学术能力。美国尽管大力开展大学教师发展，但各大学对教师资格的认证标准依然着重强调教师的学术经历与学术研究能力，教学能力并没有进入教师评价的范围，重视学术能力的教师发展观被进一步强化,几乎所有的教师都认为,大学教师的成功之道就是科学研究。于是,在这种制度背景下,教授将大量的时间和精力投入科学研究中,教师们对教学的忽视使得教学科研的矛盾凸显,这造成了教师教学质量和学生学习质量的下降,使得整个本科教学质量严重下滑,社会对本科教学质量实施问责的呼声日趋高涨。因此,为提高本科教学质量,给教学工作以应有地位,卡内基教学促进委员会主席欧内斯特·博耶(Ernest L. Boyer)提出,要重新审视学术能力的含义,要大大扩充学术能力的覆盖范围[21]。于是在1990年,博耶在《学术反思——教授工作的重点领域》报告中,首次提出了"教学学术"的概念。他在这一报告中写道:"要给我们所熟悉和崇尚的'学术'词语一个更广泛更有内涵的解释了""学术不应专指发现基础研究,是应该包括四种相互联系的学术,即探究的学术、整合的学术、应用的学术和教学的学术"[22]。此外,他还强调,"我们要给教学的学术以新的尊严和新的地位,以保学术之火不断燃烧,……教学支撑着学术,没有教学的支撑,学术的发展将难以为继"。[23]可见,教师的科学研究属于探究的学术,而教师的教学则包含了知识的发现、整合、应用、创新、传播等循环往复的全过程。之后,他的继任者舒尔曼(Shulman)于1997年接替博耶成为卡耐基教学促进基金会主席,在理论与实践上继续推进教学学术思想,把"教学学术"扩展为"教育学的学术",提倡教学学术应包含教师的教和学生的学[15]。他指出,"大学学术不仅指专业的科学研究,还指教师要寻找科学研究成果和课程内容的联系,教师要建立理论和实践的桥梁,并有效地和学生交流知识。"[24]

至此,正是博耶关于教学学术理论的发表以及其他学者的积极回应,从而引发了在美国长达10多年的关于教学学术的大讨论,并逐渐发展成为一项影响广泛的国际性的教学学术运动[25]。博耶的多元学术观提升了教学学术作为一种职业的学术性,强调一个好的大学教师不仅是一个研究者,还应该是一个好的知识传播者[26]。由此,世界各国的学者开始致力于探求使教学能够持续发展的条件、机制和学术导向,让大学教学像其他学科一样发展成为成熟、规范的专业领域,教学学术运动推动了教师评价和教师发展的创新,为教师提供了一条将科研和教学内在结合的学术成长之路。[15]

3.2　通往教师之路:作为高校青年教师的后备力量的博士生

早期,博士教育的任务主要是培养大学教授和从事基础理论研究的科学家[27]。至此,大部分人依然认为博士学位获得者的就业方向应该是以研究为基础的学术职业,其职业道路被描绘成"线性的管道"(linear pipeline),选择非学术职业的博士学位获得者则被看作是"管道的泄露"(leakage from the desired pipeline)[28][29]。虽然博士生就业渠道和职业类型期望越来越多元化,但有研究表明,选择将来从事学术职业与非学术职业的博士生比例差别并不大,47.9%的博士生选择从事学术职业,52.1%的博士生选择从事非学术职业,从读博前到读博期间大部分博士生并没有改变他们的职业期望,且这些博士生对博士生培养满足自己职业发展需求的评价较低[30]。随着研究生教育的大规模发展,研究生尤其是博士生正在成为大学教师的主要来源,是高校青年教师的后备力量,但他们丰富的学科知识和学术训练对他们的教学工作并没有显而易见的帮助。一方面，博士生入职高校教职岗位前鲜少获得教学方面的培养，且对自身的教学能力关注不够；另一方面，作为"新手教师"，他们的教学水平和教学能力也受到高校的质疑，且高校的评价机制也让他们对教学和科研的投入处于失衡状态。这样的两面夹击让刚入职的青年老师无疑面对着教学和科研的矛盾冲突，如何处理好新入职博士研究生的专业学术能力和教学学术能力是他们面临的首要任务。

事实上，这种把教学和科研对立起来的做法是极为错误的。二者是一个统一体，构成了人才培养的重要的两方面。博士研究生所掌握的教学能力并不是自动获得的，人们往往忘记这一点，而通常认为："掌握了学科专业知识就等于学会了教学。"[36] 当然，随着教师教学实践的发展，人们已经认识到大学教师并非天生就知道如何有效教学，他们需要训练以获得教学技能[31]。作为大学教师职前培养阶段的博士生教育，要为培养未来合格的大学教师打下坚实的基础，其教学发展的培养和训练是不可或缺的内容。博士教育阶段是高校青年教师重要的职前教育阶段，高校应该为博士生准备充分的教学实践项目，以保障有教学需要的博士生的教学能力可以得到锻炼和培养，加强博士生对高校教学岗位的胜任力。在此阶段，要引导博士生把教学视为学术研究的一部分，并为他们创造实践平台，创新培养机制来引起他们对教学问题的重视。在美国，为了提升博士生的教学能力，使博士研究生在不久的未来，在教学、科研和社会服务等方面成为一名合格的高校教师，美国高校在 20 世纪 90 年代在博士生教育中开展了"未来教师培养计划"（Preparing Future Faculty，简称 PFF 计划），以此来表明对博士生未来教学能力培养的重视。通过对美国博士生 PFF 项目的研究，来为我国博士生未来教学能力的培养和发展提供新的视角。

4　美国"未来教师培养计划"的行动与实践

传统上，研究型博士生教育的宗旨是培养研究者，进入高校承担教学和科研的任务，正如美国研究生院理事会 1990 年在关于哲学博士的政策文件中指出，哲学博士项目旨在培养学者[33]。在美国，对于博士生来说，毕业后进入学术领域工作是早已被预订的，博士生教育遵循培养未来教师的模式。美国国家研究委员会（National Research Council）的调查表明，54％的美国博士生毕业后会在大学工作[34]，由此可见，大学教学质量和博士生的教学能力息息相关。因此，在高等教育质量下滑和教学学术运动兴起的背景下，为了重视青年教师的教学能力，美国从培养博士生的未来教学能力入手，使未来青年教师的岗前培训成为重要的一方面[34]。1993 年，美国大学和学院委员会（the Association of American Colleges and Universities，AACU）和研究生委员会（the Council of Graduate Schools，CGS）联合发起了美国"未来教师培养"计划（Preparing Future Faculty，PFF），以培养那些希望在教师岗位任职的哲学博士生的教学能力，为博士研究生毕业后做教师提供职业指导[35]。到 2002 年，共有 44 所博士培养学校、399 所合作学校、11 个学科委员会、4 000 多名博士生参与 PFF 计划，取得了较好的效果[36]。在 2004 年，经过由 62 所名牌大学组成的美国大学联合会

(American Association of Universities，AAU)的调查,称 PFF 计划是"增强研究生教学培养的最有效的措施之一"。[36] 到目前为止,该计划已经广泛地推广开来,很多大学已经把 PFF 计划作为博士生教育中的一个重要项目。此外,为了进一步明确 PFF 计划中存在的问题,美国 AACU 和 CGS 一共发布了 12 份报告。其中报告 1~4 发布于 2000 年,主要分析了计划产生的原因、实施的情况、出现的问题以及将来要面临的问题等。报告 5 发布于 2002 年,主要从 PFF 计划视角分析美国哲学博士教育中的变化,以及该计划给博士生教育带来的影响等。报告 6~11 发布于 2003 年,具体阐述了培养未来的科学教师、数学教师、人文学科教师、通讯学科教师等应该达到的标准、具体的实施、带来的影响、各方的反馈、学校所取得的成果等。报告 12 是美国 AACU 和 CGS 发布的最后一份报告,以评估的形式分析了 PFF 计划十年来所取得的成就、所面临的问题,同时提出了相关建议等。[37]

培养有志于从事教师岗位的博士生教学能力是美国高校博士生培养的重要内容之一,作为"增强研究生教学培养的最有效的措施之一",PFF 计划在美国的博士生教育中占有重要的作用。因此,美国分别从国家宏观政策、基金会和专业组织的中观平台、高校的微观实践等三方面入手来确保 PFF 项目的顺利实施。首先,在政府层面,通过出台相关法律文件来提升高校教学地位,改变高校、青年教师和博士生的学习理念,并通过部分国家拨款来设立教学奖励计划;其次,在社会层面,通过基金会、专业组织、校友学会等主体提供资金和项目支持,促进高校对培养教学能力的重视,在高校中为广大从事教职的博士生或进行教学的教师提供资金的支持;最后,在高校层面,通过人力、财力、平台、项目等 4 个方面为 PFF 项目提供支撑。在人力上,学校提供教学清单,分配教学导师及教学合作伙伴和分配教学任务;在财力上,通过奖励和资助两种方式促进教学改革;在平台上,为促进博士生和青年教师的教学能力搭建了各种平台,如犹他州立大学成立了教科院;在项目上,有青年教师助教项目和青年教师辅导计划等支持[38]。当然,促进博士研究生未来教学能力培养的内容和形式是丰富多彩的。例如,威斯康星大学麦迪逊分校成立了专门的研究生教育小组,为自然科学领域的研究生、博士后提供机会,提前训练他们如何作为教师和学者来研究学生的学习问题,完成该项目的学生会获得一个整数,对研究生而言,这是一个受益匪浅的之前发展过程[39]。这种通过革新理念、丰富内容、机制保障、平台搭建等全方位的支持使得 PFF 项目的开展得以顺利进行,并重塑了美国大学的教学文化,使大学内外都开始重视对青年教师和博士生教学能力的培养。

纵观美国博士生 PFF 计划,从宏观层面来说,美国通过一系列的报告和项目来推动"未来教师培养"计划的开展,以此来提高未来从事教职的博士生的教学水平,体现了对博士生未来教学能力的重视,也体现了高校对于大学教师教学的重视。从微观层面来说,PFF 计划通过课程设置、教学实践、博士生评价等各个环节入手来培养博士生的未来教学能力。

5 我国高校博士研究生未来教学能力培养现状分析

从总体来看,虽然博士教育与学术职业之间的传统联系正在逐渐"解耦",但学术职业仍旧是主要选择,高等教育系统仍是博士的主要就业方向。此外,博士就业存在着显著的学科差异,对人文社科而言,其博士学位获得者进入学术界就职的比例相对较高。以 2006 年为例,虽然博士毕业生选择高校及科研单位等学术职业的比例明显下降,但教育学和文学博士在高校就业的比例仍然是最高的[40],其中,教育学博士学位获得者在高等学校就业的比例在 65％以上[41]。在本文中,研究者以教育学科门类下的二级学科高等教育学为例,来分析其博士生培养过程中对教学能力培养的缺失。其中,研究生培养方案作为人才培养的重要载体,对博士培养起着纲领性和导向性的作用。因此,通过对 H 校、J 校、P 校、T 校、X 校等五所大学高等教育学研究生培养方案进行文本分析,同时通过在该校就读的研究生来获取他们具体的培养过程,来揭示他们的研究生培养的特征。

5.1　课程建设重视不足

在 5 所样本高校中,有 3 所高校课程资源相对丰富、且这些学校实现了硕博课程的贯通,对学生的选课模块、学制、课程类别(补修、选修、必修、高阶、中阶、基础课程、公共课和跨学院选修课等)、课程适用类别(如高阶课程适合博士生,中阶和基础课程主要是面对硕士生)、学分要求、学时等部分做了明确规定,给予学生自主选择的空间,培养模式较为成熟。但另外两所学校的课程非常有限,虽然也规定了选修课、必修课等不同的课程类型,但是提供的课程学分和博士毕业生的毕业要求学分一致,学生没有课程选择的空间。不同院校之间课程质量的良莠不齐的背后,彰显的是高等教育学科对课程建设的重视不足。

5.2　博士生未来教学能力的培养受到忽视

博士生培养方案涉及博士生培养的方方面面,从课程内容、学时安排到毕业要求都做了明确的规定,但却没有涉及对博士生教学能力的培养。当前我国对博士研究生的培养更多的是对其研究能力和论文发表的要求,其教学能力受到了理所当然的忽视。在 5 所样本大学中,无论是在课程设置、中期考核还是毕业要求环节均没有提到对博士生教学素养的培养。当然,有些院校也会要求博士生在学术会议上做汇报,这对其讲演能力有一定的锻炼和要求,但其出发点是基于学术讨论和交流,而非实现培养博士生教学能力的目标。高校博士生未来教学能力培养的缺失既是当前我国教育学博士培养的现状,也是高校今后在重建课程和培养方案时需要着重考虑的内容。

5.3　助教制度名存实亡

对于博士生而言,美国大学培养博士生教学能力的主要方式是担任助教。而助教制度在我国部分高校中虽然已经确立起来,然而却未能发挥其应有的作用。在 5 所样本大学中,只有一所高校明确规定设立了助教制度,但通过与该校的研究生进行交流得知,该校虽然设有教学助教制度,但遗憾的是,关于助教的具体工作内容却局限在为导师服务的"助"的方面而非提高博士生教学能力的"教"的方面,助教制度名存实亡,这一点应该引起我国高校的足够重视。

当前,我国青年教师的教学能力尚没有得到足够重视,更遑论对博士生教学能力的培养。通过对我国 5 所大学高等教育学研究生培养进行分析可以看出,在博士生的培养中,我国高校对博士生未来教学能力培养的忽视是显而易见的。因此,在当前逐步重视本科教学、提升教师教育教学能力的背景下,我国有必要借鉴美国博士生未来教学能力培养和青年教师教育教学能力培养的有益实践,为进一步提高我国博士生的培养质量和未来教学能力提供参考和借鉴。

6 我国博士生未来教学能力培养策略

博士生教育质量代表了一个国家的人才培养水平,是衡量一个国家高等教育发达程度和科学文化发展水平的重要标志之一。衡量博士生培养质量的标准是多维度的,但由于博士毕业生在高等院校及其研究机构从事教学工作是其重要的职业走向,因此,博士生的教学能力如何也应当是衡量博士生培养质量的重要标准,这就需要高等院校针对目前博士生教学能力训练不足改进教育教学工作。当前,博士毕业生的专业学术能力同教学学术能力之间的不对等日趋显现,这导致大部分新入职的高校教师不能较好的完成教学任务,高校对于新入职的教师的满意度在逐渐降低。而我国目前实行的高校教师资格认证考核及培训并不能有效保障新入职教师的教学水平,因此,在博士研究生培养阶段全面加强以未来高校教师为取向的培养,应成为我国改革未来高校教师培养的重要议题[15]。因此,应该从理念、制度与文化、课程与组织模式、培养维度等方面入手,来培养我国博士生的未来教学能力。

6.1 革新理念:博士教育是教学能力培养的重要职前阶段

教学能力是衡量博士生质量的重要方面,提升博士生的教学能力是基于提高博士生培养质量和为高等院校储备教学人才的双重考量。然而,当前对博士生教学学术能力培养的研究并没有引起高校和国内学者的关注,还处于高校人才培养中被人忽视的角落,刚入职博士生的教学能力依然饱受诟病。正如很多高校对刚入职博士生的教学能力的评价和质疑:拥有丰富的科学知识,却不能很好地传授给学生;具有很强的思考能力,却无法将思路清晰的表达给学生;满怀高度的教学热情,却不能很好地与学生沟通,这些教学困境的背后折射出我国高校长期以来对博士生从事教师工作的职业诉求的忽视。[42]美国学者费斯勒(R. Fessler)在 1985 年提出了教师生涯循环论,从整体上考察教师发展历程。他认为,教师发展经历 8 个阶段:职前教育阶段、引导阶段、能力建立阶段、热心和成长阶段、生涯挫折阶段、稳定和停滞阶段、生涯低落阶段和生涯推出阶段。[43]在这一教师发展理论中,费斯勒指出,教师发展并不是从入职后才开始的,而是应该把博士生教育阶段作为教师发展的重要的职前阶段,开始培养博士生未来教学能力。因此,在博士教育阶段,培养博士生的未来教学能力是至关重要的,高校必须要革新博士生教育的培养理念,把博士阶段作为青年教师教学能力培养的重要职前阶段。

6.2　课程与组织模式：提高博士生教学能力的重要载体

第一，课程的重要性越发凸显，越来越多的学生和家长在选择大学时，不仅要看设置了什么专业，更看重提供什么样的课程，甚至开始关注这些课程是由哪些教授主讲的。[44]因此，要提高博士生的教学能力，引起他们对教学的重视，对教学能力的要求应该在博士生的培养方案和课程安排中中得以体现。毋庸置疑，课程将成为培养博士生教学能力的重要载体。课程的设置并不意味着通过对博士生的课程教学来提高其教学能力，而是在课程中可以设置相应的教学策略课程，来提升博士生的教育教学学科知识。

第二，在组织模式方面，研究生助教制度的设立是非常必要的。促使博士生进行教学实践。从世界范围来看，研究生助教使高校教学实践队伍中的一支重要队伍，研究生们在努力完成学业之余，承担部分教学任务以及辅助性教学[45]，能够使他们更加了解教学工作并增加自己的教学实践技能。当前我国很多研究生培养单位并没有博士生的助教制度，或有的高校助教制度名存实亡，只有"助"没有"教"。建立名副其实的助教制度应成为高校博士生未来教学能力提升的重要组织模式。通过高年级博士生为相关专业的低年级本科生开设研讨课程来促进交流和教学。博士生的培养归根结底是培养其教学科研能力，而对人文社科来说，这种能力最重要的获取途径之一，即同行交流、朋辈互动，在这种思维的交流和碰撞中绽放更多的火花，在这种有学有教的过程中学以致用，通过这种组织模式来为博士生未来教学能力的提升提供更多的帮助助力，以达到对博士研究生未来教学能力的发展给予更大帮助的目的。

第三，应该设立统一的提高博士生未来教学能力的项目，为博士生未来教学能力的培养搭建实践平台。为了研究和科学指导在读博士生准备未来的教学，美国成立了"科研、教学与学习整合中心"（Center for the Integration of research, Teaching and Learning, CIRTL），来从事博士生的教学职业培训项目的涉及和研究，使他们不仅能够胜任自己的教学工作、促进学生学习，还能够成为从事教学改革和提高教学实践的领头军。[54]而我国高校也应该充分重视博士生教学能力的培养，通过各种各样的实践项目来促进博士生的未来教学能力，并使之制度化。不同高校之间可以设立统一的教学项目，为博士生在第二学年或第三学年提供教学实践的机会和平台，或者在博士就读期间提供教学能力相关方面的培训和教学工作岗位的实践，把博士生的培养和未来的工作岗位连接起来，使博士生提高自己的教学学术能力，以便能够胜任未来的教职工作。

6.3　"教学学术"：促进博士生未来教学能力的行动路径

作为一个学者的行会，大学为不同学科的学者提供了一个知识生产、传播与应用的制度性场所。在这个制度性场所里，不同学科的学者在不同的专业领域，独立地进行着学术的探究、整合、应用以及知识的传播，其中，教学和科研是人才培养的重要方面，涉及知识生产的全过程。与专业学术通常属于不同学科相比,教学学术通常属于跨学科研究。与专业学术的理论旨趣相比,教学学术通常属于实用性研究。与专业学术强调学术的高深相比,教学学术往往直接指向教学的实践。简言之,如果说专业学术的目的在于生产本专业高深知识,那么教学学术就是大学教师自觉地对于"如何才能更好地传播本专业高深知识"所进行的科学研究的成果,其内在逻辑是高深知识的生产、传播与应用。[47]因此,大学教师必须关注大学教学本身,必须像生产与应用本学科的专门化知识一样,认真研究本学科专门化知识的传播,必须在学术的层面上平等地看待本学科的教学、科研与社会服务,这为大学教师职业的合法性提供了新的来源与支撑。[47]

而博士生,很明显地,是大学这个制度性场所里最重要的资源。在知识生产的过程中,一方面,他们接受知识,是知识传播的对象,完成了知识传播的重要环节;另一方面他们可能最终走上青年教师岗位,在这个知识生产、传播与应用的制度性场所成为知识的传授者和知识的创新者,参与到了知识生产、整合、应用、创新、传播的全过程,而这无疑是通过教学实现的。所以,博士生未来教学和科研水平的高低,直接影响着大学这个制度性场所的教育教学质量,影响着人才培养和知识传播与创新的全过程。由此可见,正是通过"教学学术"手段是博士生在知识生产的全过程中实现了教学和科研能力的提升。

6.4 制度与文化：保障博士生教学学术的发展

大学的制度和文化是讨论博士生未来教学与发展无法回避的问题,因为制度和文化实质上构成的是大学教师教学与自身发展的生态环境。绝大部分教师也都提到了学校对教学的制度、评价、激励、失衡等问题,这充分说明教学生态对教学现状与教师发展影响之大。[9]在科研大行其道的现在,教学学术的提出,使大学开始重新思考其基本使命,恢复到了大学之道[48]。因此,在大学制度与文化层面讨论博士生教学学术的重要性是必要的,因为这涉及高校博士生培养过程中学术文化、评价标准和职业发展等方面的问题。首先,高校要培育教学学术文化。在博士生和青年学者中推行教学学术文化,使他们的教学和科研紧密结合,把教学置于和科研同等重要的地位,使博士生认识到教学对科研的启发和培育作用,自觉提升自己的教学实践水平。其次,要丰富博士生的评价标准和评价导向。当前,科研至上的评价标准使得教师和博士生的奖励制度变得原来越窄。无疑,以论文的多寡来决定博士生和教师的能力和水平是有失偏颇的,这种按照科研来奖励的做法,忽视了对教育教学的价值引领。因此,要把教学作为评价博士生教育质量的一个重要方面,并且建立配套的奖励制度和措施,使教学在大学里得到公平对待。再次,必须把教学发展和教学评价结合起来,为博士生未来职业发展提供制度保障。因为,无疑,大学组织对博士生教学学术的发展负有责任,对大学组织来说,承担教师教学学术能力发展的责任不仅意味着为他们提供丰富的发展项目,更意味着要进行制度创新,使之有参与决策提供机会。我们必须看到,学术能力不是一个静态的概念,而是一项广泛的政策议程。教学学术能力应该成为学术职业发展和管理政策的组成部分,教学学术能力要求构建大学教师职前教育和职后培训的一体化,统筹职前教育阶段和职后教师发展阶段。[32]

参考文献

［1］李庆丰. 大学新教师教学能力发展研究：核心概念与基本问题[J]. 中国高教研究,2014(3)：68－75.

［2］高耀,沈文钦. 中国博士毕业生就业状况——基于 2014 届 75 所教育部直属高校的分析[J]. 学位与研究生教育,2016(2)：49－56.

［3］何阅雄,蒋云良,马志和,等. 教学型高校青年教师教学能力"三阶段四协同"发展模式的探索[J]. 高等工程教育研究,2013(6)：97－102.

［4］教育部. 关于全面提高高等教育质量的若干意见[EB/OL]. [2019－11－12]http://www. moe. gov. cn/srcsite/A08/s7056/201203/t20120316_146673. html

［5］关于启动国家级教师教学发展示范中心建设工作的通知[EB/OL]. [2019－11－12]http://www. moe. gov. cn/s78/A08/A08_gggs/A08_sjhj/201207/t20120716_139396. html

［6］关于全面深化新时代教师队伍建设改革的意见[EB/OL]. [2019－11－13]http://www. moe. gov. cn/jyb_xwfb/moe_1946/fj_2018/201801/t20180131_326148. html

［7］淘汰"水课"打造"金课"教育部要求提升本科教育教学质量[EB/OL]. [2019－11－13]http://www. moe. gov. cn/s78/A08/moe_745/201809/t20180906_347593. html

［8］关于加强高等学校本科教学工作提高教学质量的若干意见[EB/OL]. [2019－11－12]http://www. moe. gov. cn/s78/A08/gjs_left/s5664/moe_1623/201001/t20100129_88633. html

［9］宋鑫,林小英,魏戈,等. "教学学术"视角下的大学教学现状研究——基于北京大学的大样本调查[J]. 中国大学教学,2014(8)：87－93.

［10］SHULMAN L S. Those who understand：knowledge growth in teaching[J]. Educational Researcher, 15(2)：4－14.

［11］SHULMAN L S. Knowledge and teaching：foundations for the new reform[J]. Harvard Educational Review, 1987,57(1)：1－22.

［12］LEINHARDT G, SMITH D. Expertise in mathematics instruction：Subject matter knowledge[J]. Journal of Educational Psychology, 1985,77(3)：247－271.

［13］马强. 高校青年教师教学能力提升机制探析[J]. 中国高等教育,2012(9)：57－58.

［14］唐亚历. 中美高校新教师入职培训比较研究[J]. 继续教育研究,2008(4)：55－56.

［15］杨柳群. 博士研究生教学学术能力的培养[J]. 研究生教育研究,2018(6)：40－45.

［16］[美]哈瑞·刘易斯. 失去灵魂的卓越：哈佛使如何忘记教育宗旨的[M]. 侯定凯译. 上海：华东师范大学出版社,2007：6－7.

［17］克拉克,B. 高等教育系统——学术组织的跨国研究[M]. 王承绪,等,译. 杭州：杭州大学出版社,1994.

［18］王建华. 大学教师发展——"教学学术"的维度[J]. 现代大学教育,2007(02)：1－5＋110.

［19］葛守勤,周式中. 美国州立大学与地方经济发展[C]. 西安：西北大学出版社,1993：38.

［20］博耶,E. L. 关于美国教育改革的演讲[M]. 涂艳国,译. 北京：教育科学出版社,2002：78.

［21］BOYER E L. Scholarship Reconsidered：Priorities of the Professorate[M]. Jossey-Bass, 1997. 16.

［22］BOYER E L. Scholarship Reconsidered：Priorities of the Professoriate[R]. New Jersey：Princeton University Press, 1990：15－25.

［23］博耶,E. L. 关于美国教育改革的演讲[M]. 涂艳国,译. 北京：教育科学出版社,2002：78.

［24］SHULMAN L. From Minsk to Pinsk：Why a Scholarship of Teaching and Learning?[J]. Journal of the Scholarship of Teaching and Learning, 2000(1)：48－53.

［25］王玉衡. 试论大学教学学术运动[J]. 外国教育研究,2005(12)：24－29.

［26］BOYER E L. Scholarship Reconsidered：Priorities of the Professoriate[R]. New Jersey：Princeton

University Press，1990：15－25.

[27] 顾剑秀,罗英姿.是"管道的泄露"还是"培养的滞后"——从博士毕业生的职业选择反思我国博士培养变革[J].高等教育研究,2013,34(9)：46－53.

[28] WENDLER C, BRIDGEMAN B, MARKLE R, et al. Pathways Through Graduate School and Into Careers [R]. Princeton, NJ：Educational Testing Service, 2012：23.

[29] FUHRMANN C N, HALME D G, O'SULLIVAN PS. et al. Improving Graduate Education to Support a Branching Career Pipeline：Recommendations Based on a Survey of Doctoral Students in the Basic Biomedical Sciences [J]. Life Sciences Education, 2011,10：239－249.

[30] 顾剑秀,罗英姿.学生职业发展需求视角下博士生培养满意度评价及其影响因素——基于江苏省8所高校的经验研究[J].复旦教育论坛,2016,14(2)：72－78.

[31] 周钧,朱旭东.美国教师教育大学化的形成路径研究[J].高等教育研究,2005(12)：62.

[32] 周光礼,马海泉.教学学术能力：大学教师发展与评价的新框架[J].教育研究,2013,34(8)：37－47.

[33] CGS Task Force on the Doctor of Philosophy Degree. The Doctor of Philosophy Degree：A Policy Statement [M]. Washington, D. C.：Council of Graduate Schools, 1990：1.

[34] 熊华军,李倩.美国大学博士生教学能力培养机制及其启示[J].现代大学教育,2015(3)：64－69.

[35] 顾剑秀,罗英姿.《从研究生院到职场之路》报告述评[J].学位与研究生教育,2013(1)：73－77.

[36] SHARON S, GOLDSMITH, DON H, KIMBELY D, AUTUM W. Preparing Faculty Initiative Final Evaluation Report [R]. Association of American Colleges and Universities Washington DC. Council of Graduate Schools, Washington DC 2004.

[37] 郑艳芳.美国"未来教师培养"计划研究[D].华中师范大学,2009.

[38] 刘萍,胡月英.中美高校青年教师发展机制比较研究[J].中国青年研究,2016(1)：112－118.

[39] HUTCHINGS P, HUBER M, CICCONE A. Scholarship of Teaching and Learning Reconsidered：Institutional integration and impact [M]. San Francisco：Jossey-Bass, 2005：61－61.

[40] 赵世奎.中国博士生教育规模结构分析[J].学位与研究生教育,2009(8)：61－65.

[41] 沈文钦,王东芳,赵世奎.博士就业的多元化趋势及其政策应对——一个跨国比较的分析[J].教育学术月刊,2015(2)：35－45.

[42] 高文财,秦春生,饶从满.博士生教学能力提升的思路与举措——以东北师范大学博士生教育改革为例[J].学位与研究生教育,2013(4)：20－24.

[43] 汪霞,崔军.高校教师教学发展的理论基础与促进策略[J].中国高教研究,2015(11)：87－91.

[44] 张楚廷.高等教育哲学[M].长沙：湖南教育出版社,2004：296－297.

[45] 吴振利.美国研究生助教制度与大学教师职前教学发展[J].比较教育研究,2011(9)：17－21.

[46] 詹姆斯·费尔韦瑟,李康.论全球化背景下的大学知名度、学术研究及大学教学的相互关系[J].北京大学教育评论,2009,7(1)：2－15＋188.

[47] 王建华.大学教师发展——"教学学术"的维度[J].现代大学教育,2007(2)：1－5＋110.

[48] 朱炎军.教学学术视角下的高校教师发展：来自美国的经验[J].外国教育研究,2017,44(3)：58－70.

The Road to Teachers：Research on Strategies of Cultivating Future Teaching Abilities of Doctoral Students

ZHANG Yanli

Abstract：Under the current scientific research evaluation mechanism of universities, teaching has become the "fortress" that few people take attention to. As a new concept of teaching and learning，scholarship of teaching has been connecting the teaching and academic activities which have separated from each other for a long time. At present，China pays more attention to the teaching abilities of young teachers. As the pre-service education stage of young teachers，the cultivation of doctoral students' teaching abilities deserve to more concern. Meanwhile as the most important resources in university，the institutions supposed to cultivate the teaching abilities of doctoral students by reforming the concept of cultivating doctoral talents，taking the curriculum and organizational model as the path，following the "scholarship of teaching" theory，and securing teaching abilities cultivation with the system and culture.

Key words：Doctoral Students；Preparing Future Faculty；Teaching Ability；Scholarship of Teaching；

"数学分析"课程的教与学

"学在交大——交大有门数学课"媒体座谈会上的发言

裘兆泰

摘　要： 本文是上海交通大学数学科学学院的裘兆泰老先生在"学在交大——交大有一门数学课"媒体座谈会上的讲话稿。裘老师在讲话中谈到要想让学生在抽象枯燥的"数学分析"课程中收获知识，提升数学思维和数学素养，需要做到：写好"剧本"，抓住学生的"热点关注"；设计好"场景"（桥段），引导学生积极参与；回归教学主题，着眼学生素质提升这样几点。从裘老师的分享能看出，他对学生的学习特点非常了解，在课堂上时刻践行着以学习效果为中心的理念，这些值得所有教师学习和效仿。

关键词： 数学分析，大学生，数学素养

1　引言

我是担任数学基础课教学的老师，目前正在为工科（电信学院）同学讲授以往只适用于理科的数学分析课程。同学刚入学时可以在"高等数学"与"数学分析"两门课中自主选择其中一门，不少同学一开始信心满满："当然是选数学分析"，但几次课上下来感觉就不灵了——从内容到思想到方法，都与中学大大地不一样！更难适应的是数学分析本身的抽象性，所强调的概念重要性与推理严密性。要说数学分析是大学一年级基础课中最难的一门课程，这恐怕也不为过，至少大部分同学都有这个感觉。

在数学分析基础课的教学过程中，教师的主导和引领起很大作用。从开始阶段提升学生的信心，适应大学学习生活；进一步培养学生兴趣，渐入佳境而融入数分天地；直到全面增强学生数学能力和科学素养，达到数分训练的目的。

这是一个过程，其间有许多工作要做，就数学分析的教学这一点上来说，这么多年来我主要是专心地做好三件事：写好"剧本"；设计好"场景"；回归教学主题。

主讲人简介： 裘兆泰，男，上海交通大学副教授，曾获得上海市"十佳好老师"、全国师德先进个人、上海交通大学最受欢迎的教师等荣誉称号。

2 写好"剧本",抓住学生的"热点关注"

对于大一同学来说,数学分析确实并不好学。说穿了,学生在中学阶段接受的数学训练还是有欠缺的:对概念不太重视,对分析论证不习惯不擅长。特别是不会分析问题,不会利用条件,甚至根本找不到解决问题的"切入点"。

我在想:讲课时将问题都讲清楚了,学生也都听明白了,但这事实上这并不是教学的最终目的,学生心里会有疑问:怎么会想到这个方法的? 怎么会得出这个结果的? 这个问题不处理好,学生只能在前辈数学大师面前自叹弗如。

我的"剧本"(讲义)编写与教材内容并不很一致,许多地方也不是按标准程序写的,而是注意抓"热点"。所谓"热点",也就是学生关注的重点:"问题怎么想","条件怎么用"。

在介绍一些大定理或者难题时,我往往采用这样的方法:或者是先找"切入点",然后在分析思路时一一梳理条件,看哪些能"为我所用";或者是用同学所熟悉的框图形式,列出主干线,以框图的架构梳理出各条件之间的相互关联性,以及在论证过程中所起到的作用,看如何能"举纲张目"。总之,是要事先估计到学生在哪些地方会难于理解,难于接受,在编写"剧本"时就确定好主题:应该告诉学生什么? 让学生从中学会什么? 我认为这一点很重要。

当然,好的"剧本"还要有"亮点"或是"创新点",要有自己独到的见解。好在我们有一本比较好的自编教材,它集中了数分课程组老师们多年教学研究的成果,里头许多内容在思想上、方法上有创新,论证过程特别简洁清晰而且不失严密性。比如罗彼塔法则的新证明,定积分和线面积分应用公式的新推导,上、下极限在实数基本定理中的新应用,等等。每次讲到这些与众不同的"创新点",总会引起同学的兴趣和关注,往往在课后还意犹未尽,围聚在一起讨论,还要找老师进一步"探讨探讨"。

3 设计好"场景"(桥段),引导学生积极参与

交大很强调学生的"主动学习"和"互动学习",要求增强学生在教学过程中的参与度,提高学生的学习积极性。本意很好,效果不错。我过去在小班教学中也用过一些行之有效的方法,象课堂讨论、课外读书报告和习题报告、小论文征集,等等。不过现在不太用了,因为教学条件变了(课时大大紧缩,"课堂讨论"没有时间上的基本保证),授课对象情况不一样了(计划排定 140 人的大班已经是太大了,结果来了将近 200 个学生听课,大范围的"互动"效果并不好),但也不是说,现在教师上课只有唱"独角戏"这一条路。

在介绍定理和例题,特别是在讲证明题时,我会在学生容易疏忽、容易出错的地方设置一些"陷阱":或者是很隐蔽地错用条件或方法,或者是在很不起眼的地方混淆概念或遗漏关键点。介绍时绝对是一本止经的,讲完后再向学生发问:"这个证明可以吧? 没有问题就'Pass'进入下一环节了"。基础好的同学细心琢磨后通常会看出问题提出疑问,一般同学一

时找不出毛病，但也很想知道这样做究竟对不对，因为他们平时就是这样想这样做的，没有觉得有什么错。

即使学生没有能找到问题，或者没有找对问题，在大部分情况下当一步一步重新来过，再次对每一步过程进行细致的审视和验证时，同学会发现是哪一步出毛病了。然后再提问：是否可以补救？如何补救？这样的分析讨论当然要多费一点时间，但能引起同学的关注和参与，可以提高学生分析问题的能力，同学都能从中收益。

在平时的短信答疑中经常还会碰到这样的事，比如有学生质疑，问关于正项级数判敛的一个问题。这个级数的形式比较特殊，它的通项是用一个有点"诡异"的积分形式给出的，学生没有见过这类问题，就发短信来问了："老师，这个积分算不出啊，请提示一下。谢谢哦"！回信："这个积分我也算不出来，没法提示啊，所以不用谢了"。再问："那怎么判敛呢"？回信："正项级数判敛一定要先求出通项表示式吗"？他说："哦哦，可以用比较法放大"。一会儿又来短信："放大后还是不行啊，放大后的级数发散了"。问他："你是怎么对通项放大的"？说是："将分子中的正弦平方项放大为1呀"。回信："既然你用了比较法，就只有这一条路走吗"？过了一段时间又收到短信，还是这位同学的："将分母缩小也不行啊，还是得不出结果，恳请老师再提示一下"。不作回答了，冷处理，你自己去想吧，回复其他同学短信了。又过了一阵，来了封短信："可以对分母进行处理，将分母放大，最后得出级数是发散的，对吗"？回信："OK"！顺便给他发一个笑脸鼓励。

这个问题本身并不典型，但反映出的问题很典型，至少说明几点：①习惯性思维，正项级数只要用比较法就是放大判敛；②碰到问题不会转弯，换一种方式思考；③学习上有惰性，最好老师告诉你方法，告诉你步骤，告诉你结果。

这个习题后来是作为习题课例题介绍的。我把短信答疑的对话设计成一个"桥段"，着重说明如何从无头绪中找到"切入点"，从错误到正确的思考方法和解决问题的过程。最后再告诉同学一个直观性的经验体会：对这类问题其实还可以"一步到位"看出关键点，直接通过放缩方法快速判其敛散性。我想，这样应该比直接讲一个正确方法更好！

正是因为一直在注重教学方式方法的改进，使教学更有实效，更能切合学生的需求和关切；一直在注重保证数分严密、严格、严谨的前提下，化复杂为简易，化神奇为平凡，使数分能够为同学所理解和接受。这些年来，这门课程受到同学的欢迎和好评，前来"蹭课"的同学很多，外校的学生有时也会跑来听课。去年课程结束后，曾有同学写来一封长信，信中这样说："因为有了数学分析，使我对数学产生了真切的热爱和兴趣，被数学世界深深吸引，一生的轨迹就此改变"。这位同学立志将数学作为自己的事业，为此改变了原来的专业方向，报考并进入致远学院数学班。

4 回归教学主题，着眼学生素质提升

首先说明：这里所说的素质，并不包含思想政治素质。

就数分教学的目标来看,是希望提升学生的学习能力,至少要领悟一点数学思想,有一定的数学素养,并且养成良好的学习习惯、思维习惯和研究问题的习惯,当然还有科学、规范的表达方式。

现在还有一个新常态的说法:"创新能力"。不过我认为作为基础课而言,要大一同学在数分上有所"创新"并不很现实。但是,我们一直很提倡学生在学习上要有好奇心,鼓励学生对问题进行探索,一旦发现同学确实有好思想好方法,就予以肯定并在班上做推广交流。目的是为同学夯实数学根基,为他们今后的专业"创新"打下基础。事实上同学在跟我平时交流和短信联络中,有许多就是问题讨论:"老师,我对这个问题一个新的想法,请你看看这样想对吗"? 或者是:"老师,我这样做为什么会出现问题呢"?

上学期我应邀做了一个访谈,对象是大一正在学习数分的同学,交流主题就是:"数分的基本思想和学习方法论",但涉及的话题太多,花费的时间很长,看来是不适合作为发言内容的。

不过,对于提高学生的数学素养,倒还是有些话要说。

交大学生基础比较好,天赋比较高,灵气比较足,这是事实,但是不少同学在数学素养方面仍有欠缺,更多的表现是:①丢三落四——该写的不写,该证的不证;②颠三倒四——因果关系颠倒,前后次序反置;③瞎三话四——乱下断语,而且随手拿来就当成命题使用。

以前改学生作业要花很大精力给学生"做规矩",现在作业主要是由助教负责,主讲教师抽查,但是"规矩"还是要做的。好在数分考试、考查的试卷仍然都是我们自己改,因此每次通过改卷告诫学生、警示学生:按数分要求你应该怎么做,不应该怎么做。比如

出现概念性错误,该步以下不再记分,并且指出问题所在;

方法应用上错误,不管是违背运算法则,还是不合法的所谓"等价代换",该步以下不再计分;

未经验证就随便下断语,无论对错一律视为无效。结论错的会给出反例;结论对的则告知:"口说无凭,要看证明! 因未经过验证,故结论不予认同"。

做对了呢? 也未必就是满分。有的学生花了很大篇幅去验证那些本来应该熟练掌握,并且要求熟练应用的基本结论,这说明他没有搞清哪些是属于基本内容,是应该而且必须直接使用的。批语是:"你证明了不该证明的常用结果,纯属'蛇足',不但无功,而且有过,故予以扣分"。

还有,明明是简单明白的基本问题,学生却是兜了一个很大的圈子,写了不少废话,做了不少无用功,虽然最后也做对了,但批阅时会明确告诉他:"方法可用,结论无误,但对于舍近求远、舍易求繁的解法不提倡、不鼓励,故予以扣分"。

另外,乱用或者漏用数学记号,中文叙述有病句或者错别字,等等,也同样视为错误。所以在试卷上出现倒扣分是常见的,正常的,最后得负分情况也属于常态。

尽管学生得分普遍不高,每次考查不及格的一大堆,不通过率的"环比"会高出许多,不过事后同学找我理论要求加分的倒是从来没有碰到过。因为,每扣1分我都写明理由,即使

同学做对了但方法不好,我也会给他提供一个更好的思路,让他进一步考虑。同学对此感受很深,说:以前从来没有受过这样的训练。

5 总结

最后要说明的是学生素质的养成不是一朝一夕的事,目前所做的能够起到"警示"作用,会引起学生的警觉和重视,但时间一长部分同学又难免旧病重犯,要再来"警示"不断地敲木鱼。就像城管执法管街头乱设摊,管一次好一阵,关键还是要有长效机制。科学思维和科学表达的养成也是这样,要通过长期言传身教和潜移默化,才能成为学生一种本能反应和习惯动作。

即使对于课堂教学而言,也不可能每次都出彩,每章每节都有"桥段"。数学教学的根本点还是在于知识的传授、思想的熏陶、能力的提升、素质的养成,在这些根本点上,作为教师还有许多工作要做!

Teaching and Learning of mathematical Analysis

"Learning in Jiaotong University—there is a mathematics course in Jiaotong University" media forum speech

Qiu Zhaotai

Abstract:This is the transcript of a speech delivered by Qiu Zhaotai, a professor from the School of Mathematical Sciences, Shanghai Jiao Tong University, at a media seminar on "Learning in Jiaotong University—There is a mathematics course in Jiaotong University". In his speech, Teacher Qiu said that in order to let students in the abstract and boring "mathematical analysis" course to gain knowledge, improve mathematical thinking and mathematical literacy, need to do:write a good "script", catch students "hot attention"; Design the "scene"(bridge segment), guide students to participate actively; Return to the teaching theme, focus on the improvement of students' quality. From teacher Qiu's sharing, we can see that he has a very good understanding of students' learning characteristics and always practices the concept of learning results as the center in class, which is worth learning and imitating by all teachers.
Key words:Mathematical analysis; college students; mathematical literacy

高校专业教师"课程思政"能力三维构成探析

李　燕

摘　要：高校专业教师的"课程思政"能力是影响"课程思政"效果的主要因素,有利于增强"三全育人"教育体系的协同效果和巩固立德树人的效果。基于"课程思政"及能力的内涵,笔者认为,"课程思政"能力是一种职业能力,是指教师为适应新时代人才培养需求、遵循思想政治教育规律,将思想政治、道德规范、优秀传统文化等知识通过课程与教学等形式对学生进行价值引领,实现知识传授、能力培养与价值引领相统一的综合能力。它包括"课程思政"专业知识技能、"课程思政"通用技能和"课程思政"职业素养三个部分。高校可以从三个方面来养成:加强顶层设计,形成系统培训,提升专业知识技能;通过政策激励,积极示范、试点,培养"课程思政"通用技能;树立"课程思政"教师榜样,加强观摩,内化"课程思政"职业素养。

关键词：课程思政;"课程思政"能力;高校专业教师

1　引言

2014 年由上海率先开启的高校"课程思政"实践探索已经得到了普遍认可,由国家层面进行的规范指导到一线教师的大胆尝试如火如荼。目前,"课程思政"理论研究者与高校一线教师均把视野投向了一个关键点:"课程思政"能力。"教育者需先受教育"才能更有效实施"课程思政",因而如何提升高校专业教师的"课程思政"能力成为研究焦点。要解决它,我们首先要明确"为什么要提升课程思政能力""什么是课程思政能力""课程思政能力的构成"以及"提升课程思政能力有哪些路径"等具体问题。

作者简介：李燕,女,济南大学教育与心理科学学院副教授,教育学博士,主要从事教育学、中国教育史、生涯咨询与辅导的研究与教学工作,邮箱：sep_liy@ujn.edu.cn。

基金项目：山东省社会科学规划高等学校思想政治教育研究专项,《山东省高校专业教师"课程思政"能力建设研究》(项目编号:20CSZJ07)。

2　提升"课程思政"能力的重要价值

在"课程思政"实施过程中大家逐渐形成一个共识：高校专业教师（区别于思政课教师）的"课程思政"能力成为影响"课程思政"效果的主要因素，因此需要重视并认识其重要的价值。

2.1　增强"三全育人"教育体系的协同效果

2016 年，习近平总书记强调："把思想政治工作贯穿教育教学全过程，实现全程育人、全方位育人，努力开创我国高等教育事业发展新局面。"为此，"其他各门课都要守好一段渠、种好责任田，使各类课程与思想政治理论课同向同行，形成协同效应。"[1]习近平总书记的指示对高校思政课程与其他课程提出了不同的要求、规定了不同的任务，也因此"课程思政"成为新时代的思政教育理念，对高校专业教师提出了协同育人的要求，并最终形成"三全育人"教育体系。

"课程思政"能力是实现高等教育立德树人根本任务的必备条件，是高校教师应该具备的职业素质。可是反观现实，高校专业教师的"课程思政"能力并不尽如人意。有研究发现："能够做到将专业课内容与思想政治教育相结合的专业课教师仅占 28.1%"。[2]这直接影响了协同育人的效果，因此为了协同完成立德树人的根本任务，高校专业教师需要做到：第一，明确"课程思政"立德树人的根本任务，与思政课程形成协同效应，实现其他课程与思政课程的凝聚统一；第二，要结合具体学科专业、具体课程、具体学段以及学生特点进行系统规划与设计，注重所教课程与思政课程的同向同行，形成协同合作的"三全育人"教育体系，并最终提升协同育人效果。

2.2　巩固立德树人的效果

习近平总书记强调，"高校立身之本在于立德树人。要坚持把立德树人作为中心环节，把思想政治工作贯穿教育教学全过程，实现全程育人、全方位育人。"[1]鉴于此，高校为实现立德树人根本任务，解决"思政课程"育人"孤岛"困境，在新时代开始了"课程思政"的尝试与探索。

何为立德树人？"立德树人不仅仅是对学生进行德育，还包含教育者、管理者、家长的'立德'；它也不是思政工作的专属或是某个学段的任务，而是全程育人、全方位育人的系统工程。"[3]它对高校专业教师提出了新要求：首先要"立德"，"做到明大德、守公德、严私德。"[4]其次是具备系统育人意识。实际上这就是要求高校专业教师具备"课程思政"能力，因为"培养学生过硬的思想政治素养与加强高校专业课教师的课程思政能力是分不开的。"[5]然而教育实践中，某些教师"出于专业背景的制约导致思想政治教育理论储备不足，或者太过侧重专业知识与技能培训而忽略对学生进行价值观的引领与塑造。"[5]这直接影响了高校立德树人的效果，因此高校专业教师需要在"课程思政"的知识构成、理念贯彻和方法运用等方面提升自身"课程思政"能力,做到"己欲立而立人"(《论语·雍也》),培养德智体美劳全面发展的社会主义建设者和接班人。

3 "课程思政"能力的内涵及特征

"课程思政"能力的内涵可以从"课程思政"的内涵和能力中得到启发。

3.1 "课程思政"能力的内涵

已有研究对"课程思政"能力的界定并不多见,往往以"育人能力""育德能力""实践能力""教学能力""课程能力"等指代,其中比较有代表性的界定是:"课程思政能力是一种课程能力,是指教师将道德规范、思想观念、政治立场等思想政治教育内容有机融入课程与教学之中,以此实现知识传授、能力培养与价值引领同频共振的能力。它由课程思政理解能力、开发能力、组织能力、实施能力和评价能力构成。"[6]这个界定是基于课程的,揭示了课程与思政的基本关系,把握了根本。但在笔者看来,仍需拓展其含义。

"课程思政"能力由"课程思政"与能力两个概念构成,综合把握二者的内涵有利于对其进行界定。何为"课程思政"? 比较有代表性的观点是:"所谓课程思政,正是一种隐性教育,是专业课教师在教育教学的各个环节中融入对学生的思想政治教育,营造以文化人、以德育人的场域,如春风化雨、润物无声般实现对学生的价值引领,从而实现知识传递与价值观引导。""课程思政不能简单理解为一种新的课程观,而应视为一种全新的思想政治工作理念。"[5]何为能力? 一般认为,"能力是指人们成功地完成某种活动所必须具备的个性心理特征。它与具体活动紧密相连,在活动中形成、发展并表现出来"。[7]

基于"课程思政"及能力的内涵,笔者认为,"课程思政"能力是一种职业能力(技能),是指教师为适应新时代人才培养需求、遵循思想政治教育规律,将思想政治、道德规范、优秀传统文化等专业知识通过课程与教学等形式对学生进行价值引领与型塑,实现知识传授、能力培养与价值引领相统一的综合能力。它包括"课程思政"专业知识技能、"课程思政"通用技能和"课程思政"职业素养三个部分,能够通过后天努力习得,并成为教师职业素质的独特构成,是胜任"课程思政"工作的关键能力。

3.2 "课程思政"能力的特征

3.2.1 时代性
尽管"课程思政"可以追溯至 20 世纪 80 年代,但是真正提出并展开研究还是在近期,可以说它是我国社会发展进入新时代的体现,回应了新时代高等教育立德树人根本任务的要求,为培养德智体美劳全面发展的社会主义现代化建设人才提供条件。

3.2.2 综合性
"课程思政"能力无论是以"育人能力""育德能力"还是以"教学能力""课程能力""职业

能力"指代，它都不是单一的，具有综合性。如研究者何源指出，"教师的课程思政能力便是一种综合能力的体现，它的发挥效果受到教师在专业课程教学中开展思想政治教育所需要的知识储备、人生情怀、从业态度、人格特质、沟通技巧等诸多因素的影响。"进而认为"专业课教师课程思政能力主要表现在课程思政的内容拓展、课程思政的课堂教学、课程思政的师生互动。"[5]有研究者认为"课程思政"能力"包括教学理念的把握、目标设计、元素的发掘和融合、方式方法的应用与创新、自我评价和自我保障等六种能力"。[8]基于前文对"课程思政"能力的内涵界定，笔者认为，它包括"课程思政"专业知识技能、"课程思政"通用技能和"课程思政"职业素养三个部分。"课程思政"能力的综合性让我们充分认识到，"课程思政"能力的提升不是一蹴而就的事情，需要教师持续学习。

4 　"课程思政"能力的三维构成

美国学者辛迪·梵和理查德·鲍尔斯（Sidney Fine And Richard Bolles）把职业技能分为3种类型：专业知识技能、可迁移技能和自我管理技能。[9]对高校教师来说，这意味着要胜任课程思政工作必须具备三方面能力：一是具有专业理论背景；二是具有操作技能；三是具备"课程思政"工作要求的品质，也即"课程思政"能力的三维构成。

4.1 　"课程思政"专业知识技能

知识是人类历史经验的总结，从心理学角度来说，知识是以思想内容的形式为人类掌握，个人所掌握的知识就是信息在头脑中的储存。具体到"课程思政"工作，专业知识技能就是高校教师所掌握的理论知识，即相关课程的、思政的和课程思政的理论知识。

4.1.1 　相关课程的理论知识

高校教师所教课程的理论知识是高校教师的立身之本，尤其是所教课程中具有思政性质的理论知识，如课程所属学科代表人物的故事与品质，专业精神，职业伦理等。

4.1.2 　思政的理论知识

思政的理论知识是指思想政治方面的理论知识，主要包括思想政治理论（马克思主义基本原理、毛泽东思想和中国特色社会主义理论体系概论、中国近现代史纲要、思想道德修养与法律基础、形势与政策等）、社会主义核心价值体系、中华优秀传统文化等内容。思政的理论知识是高校教师实施课程思政的基础条件。（课程思政的理论知识如果是这些就太狭隘了，课程思政实际上就是培养学生积极的价值观、人生观和世界观，传统文化中并没有全部都是积极的，但社会主义核心价值观和家国情怀也只不过是价值观所应包括内涵的一小部分）。

4.1.3 　课程思政的理论知识

课程思政的理论知识主要指习近平总书记关于思想政治工作的重要论述，党中央、教育部关于"课程思政"的指导文件，"课程思政"教育理念，德育的知识、理论与方法，教育性教学理论等内容，这是高校教师开展"课程思政"工作的直接指导，需要认真学习领会。有研究者指出，"当下高校专业课教师在课程思政的知识构成、理念贯彻和方法运用等方面，仍有较大的提升空间。"[5]

上述 3 类理论知识共同构成了高校专业教师"课程思政"能力的专业知识技能，是开展"课程思政"工作的基础，需要系统掌握，并注重 3 类理论知识之间的融合贯通。

4.2 "课程思政"通用技能

通用技能（又称为可迁移技能）是"个体所能胜任的活动，具体表现为一个人所能从事的工作内容。"[9]它可以应用在相近的工作中，比较稳定，往往具有通用性，如管理、沟通、问题解决、人际关系、教学或教导、学习等能力等。基于"课程思政"工作的高校专业教师"课程思政"通用技能主要包括 5 个方面。

4.2.1　领会

领会指高校教师对"课程思政"专业知识技能的理解与体会，对这些专业知识可以识别、解释、归纳等，能做到真学真懂真用。例如能够识别所教课程内容中的社会主义核心价值观或能够用社会主义核心价值观解释所教课程内容和相关案例。

4.2.2　教学

"课程思政"教学主要包括挖掘、设计、选择与评价四个环节。第一，挖掘。挖掘所教课程的思政元素，具体包括把相关思政元素引入所教课程中，提炼课程本身的思政元素并融入课程教学中。第二，设计。课程目标与教学目标是教育目的的具体体现，是对"培养什么样的人"的回答，所以高校专业教师需要科学设计"课程思政"目标。"课程思政"目标设计可以采取演绎方法，即由培养目标延伸，包括情感、态度和价值观三个方面。第三，选择。这里是指选择与所教课程相适应的教学方法以取得"课程思政"效果，"课程思政"教学目标是选择教学方法的依据之一，如情感目标的实现可以选择案例分析、小组讨论、辩论、社会实践等方式。第四，评价：评价是高校专业教师对"课程思政"效果的综合评估，有利于其持续改进。评价包括形成性评价与终结性评价，形成性评价侧重于过程，可以采用项目学习、民意测验、学习心得等方式；终结性评价侧重结果，可以借助考试、课程论文等方式评估。

4.2.3　人际互动

人际互动主要指教师与学生之间的互动。"课程思政"致力于实现立德树人，教师的人际互动技能可以创造情理交融的良好学习氛围，"激发学生的兴趣，通过启发式、探究式、讨论式等方式，有效开展课程思政教学。"[10]高校专业教师可以通过眼神、微笑、合宜的肢体语言、积极聆听与反应等方式与学生交流互动。

4.2.4　反思

反思也叫元认知，是指对自我的觉察、控制与监督，有利于及时发现不足进行改进。这是最重要的基础技能。"课程思政"的反思技能利于高校教师持续推进所教课程的"课程思政"实践。高校专业教师可以通过撰写教学日志或反思日记来总结得失，提升自身专业水平。

4.2.5　研究

研究是一种跨界能力，一旦掌握，就能更好地适应新环境、新要求。高校专业教师如果能够研究"课程思政"，提升自身的"课程思政"研究能力，就能很好地反哺"课程思政"工作。

4.3　"课程思政"职业素养(Career Quotient)

职业素养又称为自我管理技能，是一个人在工作中所表现出来的特征和品质[9]，是影响职业生涯成功与否的关键。具体如敬业的、负责的、协作的、忠诚的、执行的、诚信的、冒险的、创造的等。具体到"课程思政"工作，高校专业教师应该具备如下的职业素养。

4.3.1　忠诚

忠诚即忠诚党的教育事业，全心全意为学生发展服务。

4.3.2　有情怀

教育情怀是个体从事教师职业的首要品质，也是在历代教育家身上的可贵品质，激励着一代代教育人坚守并献身教育事业。

4.3.3　爱国、敬业、诚信、友善

爱国、敬业、诚信、友善是社会主义核心价值观在个人层面的表现，也是对高校专业教师价值观层面的要求，利于涵养大学生的家国情怀，利于形成良好师生人际互动，实现价值引领。

4.3.4　创新

创新是社会发展与时代进步对教育的要求，"课程思政"工作同样要求高校专业教师的创新，即创新教育理念、创新教育教学方法等等。

4.3.5　协作

协作主要体现在高校专业教师与其他课程教师尤其是思政课教师的协作、所教课程与其他课程的协作等，有利于更好地保证"课程思政"实施效果。

5　高校专业教师"课程思政"能力的养成路径

有研究者指出，"截至目前，关于高校课程思政的文献主要集中于课程思政与思政课程的区别与联系、高校课程思政建设存在的问题及建议等方面，鲜有文献分析实施课程思政的最终执行主体——高校教师的育德意识的培养和育德能力的提升。"[11]因此2019年至今，关于养成和提升高校教师"课程思政能力"成为研究的热点，主要从理论与实践两个维度探索具体路径。另外，"课程思政的建设路径，既包括制度、理念等宏观层面，也包括教材、课程等微观层面，落实到具体实践中，则有协同共创、校内校外联动、理论实务交融"[12]等不同的方式方法，这亦为高校专业教师"课程思政"能力的养成提供了具体思路。针对前述"课程思政"能力的三维构成，我们建议高校从三个方面进行养成。

5.1　加强顶层设计,形成系统培训,提升专业知识技能

一般认为,专业知识技能往往可以通过教育或培训获得,具体系统性。[9]对于高校专业教师来说,三类专业知识技能的获得需要学校的顶层设计与系统培训。

5.1.1　高校加强顶层设计,制定"课程思政"建设行动计划

近年来,国家出台了关于高校思政工作的系列政策,这为高校开展"课程思政"工作提供了指引,也为制定"课程思政"行动计划提供了框架思路。

学校基于对"课程思政"的基本共识,第一,对立德树人根本任务的把握,将"课程思政"具体化为培养目标,是顶层设计的第一步;第二,具体到专业培养方案及课程教学大纲的修订;第三,教师"课程思政"课程教学;最后以评价、激励等方式予以保障。

针对师资攻坚部分,高校可以制定"课程思政"师资培训指导大纲,形成专业培训与常规师资培训相结合的培训模式,建构高效的"课程思政"能力养成体系。

5.1.2　形成分类、分期培训体系,夯实专业知识技能

高校顶层设计及"课程思政"建设行动计划为高校专业教师获得"课程思政"专业知识技能提供了政策依据,实践层面上,专业知识技能的培训可以分类、分期进行。

第一,分类培训。根据高校专业教师所教课程、思政理论、课程思政三个维度进行分类培训,邀请所教课程的专家、思政理论专家、"课程思政"研究专家进行专业培训,深化与拓展高校专业教师的"课程思政"专业知识技能结构。

第二,分期培训。笔者所在学校进行了一期"课程思政"能力提升训练营,效果较好,但是后续没有了跟进,效果很难持续;再有就是"课程思政"专业知识技能本身也会更新,因此需要根据不同时段的需求确定年度培训计划,以常态化的培训保证效果。

综上,高校专业教师在学校顶层设计与"课程思政"建设行动计划引导下,通过分类、分期培训系统掌握"课程思政"专业知识技能,为实施"课程思政"奠定知识基础,增强课程思政的认同感与使命感。"高校教师对课程思政的认同感和使命感,在很大程度上决定着他们的课程思政积极性和努力程度"。[13]当然,除了专业培训之外,教师还可以通过自学丰富自己的专业知识技能。

5.2　通过政策激励,积极示范、试点,培养"课程思政"通用技能

实施"课程思政"需要高校专业教师具备"课程思政"通用技能。一般认为,可迁移技能(通用技能)可以通过观察、实践、思考、熟练等过程掌握。[9]因此,对于高校来说,需要做到几点:

5.2.1　通过政策激励,激发教师实施"课程思政"积极性

"课程思政"理念提出与实施以来,一些高校专业教师实施"课程思政"的积极性并不高,因此需要制定政策予以激励,具体包括制定荣誉激励与课题立项激励等,即把"课程思政"作为指标纳入教育教学荣誉评价体系,开展"课程思政"专项研究并给予相应经费支持,一定程

度上可以激发其积极性。

5.2.2 积极示范、试点，培养"课程思政"通用技能

高校教师要想胜任善教，需要具备"课程思政"通用技能。"课程思政"通用技能可以通过观察、实践、思考、熟练等方式获得，因此学校可以邀请国内、省内、校内"课程思政"优秀教师进行授课示范（非讲座），使高校专业教师在观察与思考中习得"课程思政"教学、人际互动、研究等技能；进而在所教课程中开始试点"课程思政"，"以教为学"，在反思中改进，慢慢熟练，并最终成长为"课程思政"优秀教师。

5.3 树立"课程思政"教师榜样，加强观摩，内化"课程思政"职业素养

"课程思政"能力归根结底是一种职业能力，其中的自我管理技能是高校专业教师应具备的优秀品质，有利于高校专业教师实现教书与育人、言传与身教的统一。自我管理技能如何获得呢？有研究认为，自我管理技能通常是通过认同、模仿、内化等途径获得。[9]这就启发高校树立"课程思政"教师榜样以促进高校专业教师的认同、模仿与内化。

首先选择"课程思政"优秀教师，以这些优秀教师的行为与事迹来影响高校专业教师的行为，引导其认同"课程思政"优秀教师。其次是邀请"课程思政"优秀教师进行专题讲座或示范授课，高校专业教师通过观摩学习，分析这些优秀教师的品质，并有意识地进行模仿。最后，高校专业教师在认同、模仿中逐渐把这些优秀品质作为自己的职业追求，内化为自己的职业素养，并在所教课程教学中影响学生。

1843年末，马克思在《黑格尔法哲学批判》中强调："理论在一个国家的实现程度，决定于理论满足这个国家的需要的程度。"[14]关于高校专业教师"课程思政"能力及养成的理论研究仍在继续，它将随着高校"课程思政"工作深化的需要而持续推进。

参考文献

[1] 习近平.把思想政治工作贯穿教育教学全过程开创我国高等教育事业发展新局面[N].人民日报，2016-12-09(1).

[2] 莫非.专业课教师在高校思想政治教育中缺位问题的思考[J].遵义师范学院学报，2010，12(4)：94-97.

[3] 虞花荣.论立德树人的内涵[J].伦理学研究，2020，(6)：82-87.

[4] 习近平.在北京大学师生座谈会上的讲话[N].光明日报，2018-05-03.

[5] 何源.高校专业课教师的课程思政能力表现及其培育路径[J].江苏高教，2019，(11)：80-84.

[6] 蔡桂秀，冯利.课程思政能力：内涵、结构与提升策略[J].伊犁师范学院学报(社会科学版)，2020，38(2)：1-6.

[7] 叶奕乾，何存道，梁宁建.普通心理学[M].上海：华东师范大学出版社，1997：586-590.

[8] 赵伯祥.论高校教师"课程思政"的六种能力[J].湖北开放职业学院学报，2020，第33卷(14)：68-69，83.

[9] 张硕秋.大学生职业生涯发展与指导[M].北京：清华大学出版社，2020：76-77.

[10] 王双见.课程思政视域下专业教师思政教育能力的提升探析[J].文艺生活(文艺理论)，2020，(5)：224-225.

［11］潘瑞姣,李雪,桑瑞聪.课程思政背景下高校教师育德意识与育德能力培养浅析［J］.大学教育,2019,
　　　（11）：204－206.

［12］马亮,顾晓英,李伟.协同育人视角下专业课教师开展课程思政建设的实践与思考［J］.黑龙江高教研
　　　究,2019(1)：125－128.

［13］成桂英.推动"课程思政"教学改革的三个着力点［J］.思想理论教育导刊,2018(9)：67－70.

［14］中共中央马克思恩格斯列宁斯大林著作编译局.《马克思恩格斯选集》第一卷［M］.北京：人民出版
　　　社,1972：9.

The Analysis of Three-Dimensional Structure of the Ideological and Political Education of Curriculum Ability of Professional Teachers in Universities

LI YAN

Abstract：The ideological and political education of curriculum of professional teachers in universities is the main factor affecting the effect of the ideological and political education of curriculum，which is conducive to enhancing the synergistic effect of the "three all" education system and consolidating the effect of cultivating people by virtue. Based on the connotation of the ideological and political education of curriculum and ability，the author believes that the ideological and political education of curriculum is a kind of professional ability，refers to the teachers' needs in order to adapt to the new era of talent training，follow the rules of ideological and political education，the ideological and political，moral norms，and the excellent traditional culture knowledge through curriculum and teaching and other forms to value guidance and shaping of students，and realize the integration of knowledge impart，ability cultivation and value guidance. It includes three parts：the professional knowledge and skills，the general skills and the professional quality. The universities can develop from three aspects：strengthening top-level design，forming systematic training，and improving professional knowledge and skills. Through policy incentive，positive demonstration and pilot development to cultivate the ideological and political education of curriculum general skills，set up the example of teachers，strengthen the observation and internalize the curriculum ideology professional quality.

Key words：the ideological and political education of curriculum；the ideological and political education of curriculum ability；professional teachers in universities